Gunna Wendt

Ruth Drexel

GUNNA WENDT
Ruth Drexel
Eine Frau mit Eigensinn

Mit 45 Fotos

Langen*Müller*

© 2014 Langen*Müller* in der
F. A. Herbig Verlagsbuchhandlung GmbH, München
Alle Rechte vorbehalten
Umschlaggestaltung: Wolfgang Heinzel
Umschlagmotiv: Ulrich Perrey/picture alliance
Satz: VerlagsService Dietmar Schmitz GmbH, Heimstetten
Gesetzt aus: 11,75/15,5 Adobe Garamond Pro
Druck und Binden: GGP Media GmbH, Pößneck
Printed in Germany
ISBN 978-3-7844-3349-3

Auch als

www.langen-mueller-verlag.de

Inhalt

Prolog — 9

1
Besetzung

»Ein Festival der vielen Stimmen« — 15

2
Kind

»Als kleines Kind hab ich kein Wort Bayerisch gekonnt.« — 21

3
Vorbild

»Mit der Giehse würde ich gern mehr zu tun haben.« — 32

4
Freiheit

»Die Welt als veränderbar begreifen.« — 44

5
Die Mama

»*Sie war am allerwenigsten Resi Berghammer.*« 62

6
Mutter

»*Ihr war nichts wurscht –*
das hat aus Kindersicht etwas Beruhigendes.« 82

7
Hans

»*Er hat für jede Rolle Federn gelassen –*
ein Jahrtausendschauspieler.« 97

8
Familie

»*Sie ist eine tolle Ahnin.*« 115

9
Chefin

»*Sie hat kein Nein akzeptiert.*« 132

10
Arbeit

»*Es machte Spaß, vor ihr zu spielen,*
weil sie sich so freuen konnte.« 146

11
Volkstheater

»*Es ist nicht wichtig, was und wie man spielt,
sondern wen man erreichen will.*« 164

12
Intendantin

»*Ein Amt kann mich nicht dazu bringen,
etwas zu tun, was ich nicht will.*« 187

13
Regisseurin

»*Sie hatte einen tollen Blick auf Frauen.*« 211

14
Schauspielerin

»*Theaterspielen war für sie Lebensäußerung,
nicht Manie.*« 228

Dank 250
Literatur und Quellen 251
Bildnachweis 252

Prolog

Ein Buch über Ruth Drexel zu schreiben, ist ein Wagnis – wie mir alle Gesprächspartner versicherten, die ich getroffen habe. Darin herrschte Einigkeit. Dennoch waren Interesse und Engagement groß. Alle wollten etwas dazu beitragen – manche erst nach einiger Bedenkzeit: Schließlich konnte die Protagonistin sich nicht mehr selber äußern, so wie sie es von ihr gewohnt waren – ganz egal, ob sie ihnen als Mutter, Kollegin, Freundin, Regisseurin oder Intendantin gegenübergetreten war. Normalerweise hatte sie immer das letzte Wort gehabt. Sie war das Korrektiv gewesen, bei dem man sich zumindest mit einem Blick ihrer Zustimmung versichert hatte. Nun würde der Blick unerwidert bleiben und damit die eigene Verantwortung wachsen.

Immer wenn ich mich mit Leben und Werk eines Menschen auseinandersetze, findet für mich ein Dialog statt. Ich nähere mich dem Menschen und seinem Werk, stelle Fragen, bekomme Antworten oder auch nicht, werde näher gebeten oder auch nicht. Ein dynamischer Prozess, ein Wechsel von Nähe und Distanz, beginnt. Antworten erzeugen wieder neue Fragen. Und auch der Dialog vervielfältigt sich und bezieht andere Menschen mit ein, die etwas dazu beizutragen haben.

Mir fiel nach den ersten Gesprächen eine Episode ein, die Milan Kundera in seinen *Verratenen Vermächtnissen* erzählt. Bei einem Spaziergang über den Friedhof von Reykjavik führte ihn sein isländischer Gastgeber zum Grab seines besten Freundes und berichtete, wie Verwandte und Bekannte nach dessen Tod versucht hatten, von ihm die Geheimnisse des Verstorbenen zu erfahren. Er habe geschwiegen. Aus einem besonderen Grund. »Ich habe nichts verraten. Denn ich hatte nichts zu verraten. Ich habe es mir verboten, die Geheimnisse meines Freundes kennen zu wollen, und ich kenne sie nicht.« Kundera war ebenso verblüfft wie fasziniert: »Seit meiner Kindheit höre ich, der Freund sei derjenige, mit dem man seine Geheimnisse teilt und der im Namen der Freundschaft sogar darauf bestehen darf, sie zu kennen. Für meinen Isländer ist Freundschaft etwas anderes: sie bedeutet, ein Wächter vor dem Tor zu sein, hinter dem der Freund sein Privatleben versteckt; sie bedeutet, derjenige zu sein, der dieses Tor niemals öffnen wird; der niemandem erlauben wird, es zu öffnen.«

Ich traf bei den Recherchen zu Ruth Drexel nicht – wie sonst oft bei solchen Projekten – auf Menschen, die sich als Auskunftgeber anboten und den Grad ihrer Freundschaft durch intime Kenntnisse beweisen wollten. Manchmal so demonstrativ, dass eine regelrechte Konkurrenz der Nähe entstand. In diesem Fall war es ganz anders: Fast alle Befragten problematisierten irgendwann im Verlauf des Gesprächs Ruth Drexels Scheu vor der Öffentlichkeit und wollten auf keinen Fall über Dinge reden, über die sie selbst nicht zu sprechen bereit gewesen wäre. Ruth Drexels Haltung wirkt also nach, ist lebendig geblieben. Alle waren sich der Verantwortung bewusst, die sie als meine Auskunftgeber hatten. Ich sah mich also im Sinne

des Isländers aus Kunderas Essay vielen »Wächtern« gegenüber. Einige waren gleich am Anfang unserer Begegnung zugeknöpft und abwartend, andere verbargen diese Haltung, kamen aber irgendwann im Verlauf auf ihre Reserviertheit zu sprechen. Doch auch sie boten mir ihre Hilfe an bei dem Abenteuer, einer Frau näherzukommen, die – so Josef Hader – »die Kunst beherrscht hat, nicht alle so ganz nahe an sich heranzulassen.«
Manchmal vermutete ich ein großes Geheimnis, das alle miteinander teilten und nicht preisgeben wollten, was mich natürlich neugierig machte. Dann wieder bewunderte ich, dass Ruth Drexels Maßgaben so lange über ihren Tod hinaus akzeptiert wurden. Ich staunte, dass die Verbote der »Mama« auch in ihrer Abwesenheit und sogar nach ihrem Ableben nicht übertreten werden durften. Aber da war ich bereits einem Missverständnis aufgesessen, das Ruth Drexel selbst verzweifelt aus der Welt räumen wollte: Sie war nicht identisch mit der Rolle, die ihr die größte Popularität eingebracht hatte, der »Mama« des Bullen von Tölz. Ottfried Fischer sagte es ganz deutlich: »Ruth Drexel war der Inbegriff einer emanzipierten Frau. Sie war vieles, doch am allerwenigsten Resi Berghammer.«
Von jeher liebt es das Publikum, Rolle und Darsteller miteinander zu vermischen. Dafür gibt es in der Radio- und Fernsehgeschichte zahlreiche Beispiele. So fand ich bei den Recherchen zu meinem Liesl-Karlstadt-Buch im Nachlass der Schauspielerin viele Rat suchende Briefe an die patente Mutter Brandl, die sie in der ersten Radio-Soap-Opera »Familie Brandl« verkörpert hatte. Die Hörerinnen und Hörer wollten von der alleinstehenden Liesl Karlstadt wissen, wie sie mit den Schulproblemen der Kinder umgehen sollten, wie man

den häuslichen Putzalltag zeitsparend organisieren und mit welchen Kochrezepten man die Familie verwöhnen sollte. Überflüssig zu erwähnen, dass Liesl Karlstadt nicht kochen konnte oder vielmehr nicht wollte. Doch sie reagierte auf die Vermischung von Rolle und Person mit Humor und schrieb in der Münchner *Abendzeitung*: »Für die meisten bin i halt die Mutter Brandl. Wie jetz' die Gisela geheiratet hat (in der Sendung, versteht sich), da hab' i so a liabe Kart'n kriagt, zum Beispiel von der Renate aus Niederbayern, die hätt' glei bei mir als Haustochter eintret'n woll'n. Aber leider, im Haushalt kann ich keiner was lernen, ich bin ja viel zu häufig auswärts.« Die Gleichsetzung Ruth Drexels mit Resi Berghammer hatte allerdings im Lauf der Zeit so extreme Ausmaße angenommen, dass ihr mit Humor nicht mehr beizukommen war. Viele meiner Gesprächspartner haben von Zudringlichkeiten berichtet, denen Ruth Drexel in der Öffentlichkeit ausgesetzt war. Ihre Beteuerung »Ich bin nicht die Resi Berghammer, ich bin nicht die Mama, ich bin Ruth Drexel« überzeugte die Fans ebenso wenig wie die Erklärung: »Die Figuren, die ich spiele, sind erfunden.« Diese Erfindungen wirkten jedoch jedes Mal wie reale Menschen, sowohl auf der Bühne als auch im Film oder Fernsehen, wovon man sich heute noch dank DVDs überzeugen kann. Das gilt für die Schlachthof-Wirtin Paula genauso wie für die Betrügerin Adele Spitzeder, die Heilerin Halfried Seelig wie »die Mama« Resi Berghammer. Wie hat sie das geschafft? In erster Linie als Psychologin. Bereits der erste Blick auf ihren Bücherschrank, den ihre Tochter Cilli in ihrer Hamburger Wohnung aufgestellt hat, lässt ihr Interesse daran deutlich werden: Der gesammelte Sigmund Freud ist dort ebenso zu finden wie die Werke Erich Fromms und Horst Eberhard Richters. »Mir ist wichtig, dass der Schauspieler aus sich selbst heraus die Fabel erzählt und nicht nur vom Regisseur als Erzähler eingesetzt wird«, erklärte sie in einem Interview. Eindeutigkeit in der Charakterzeichnung war ihr suspekt. »Die großen dominanten Frauenfiguren werden bei mir immer gebrochen, weil ich überall Widersprüche sehe und spiele.« Sowohl als Regisseurin als auch als Schauspielerin standen bei ihr die Fragen im Vordergrund: Welches Ziel hat die Figur in der jeweiligen Situation. Welche Umwege nimmt sie in Kauf, um ihr Ziel zu erreichen? Der unmittelbare Moment zählte, nicht nur das übergeordnete Thema. Und so waren ihre Figuren fürsorglich und selbstsüchtig, mitfühlend und schadenfreudig, hilfsbereit und ungerecht zugleich. Auf diese Weise wurden aus Figuren Menschen.

Was mich jedes Mal aufs Neue überrascht, wenn ich mir Ruth Drexels Filme anschaue: Sie entfaltet in jeder Rolle die Vielfalt der Möglichkeiten einer Figur. Paula aus der *Freiheit* ist nicht nur geldgierig, sondern auch verblendet-mutterlieb. Adele Spitzeder ist nicht nur skrupellos, sondern auch eifersüchtig-fürsorglich. Halfried Seelig empfindet ihre außergewöhnlichen Kräfte meistens als Belastung. Schaut man sich nacheinander *Die Heilerin* und eine Folge des *Bullen von Tölz* an, wird die Spannweite des Auslotens besonders deutlich: Beide Protagonistinnen verfügen über große Energien und setzen diese so unterschiedlich ein wie nur denkbar. Während die extrovertierte Resi Berghammer jederzeit bereit ist, temperamentvoll und resolut ihre Interessen zu vertreten, sammelt die introvertierte Heilerin ihre Kräfte, um sie gezielt einsetzen zu können.

Ruth Drexel ist immer sie selbst, aber sie spielt nicht sich selbst. In der Differenziertheit der jeweiligen Figur spürt man jede Sekunde den Menschen Ruth Drexel. Sie gibt sehr viel und hält doch einiges zurück, lässt den Figuren ihr Geheimnis. Es schimmert immer noch eine weitere Dimension durch, ein Dahinter. Respekt und Distanz sind die Haltungen, mit denen sie sowohl ihren Figuren auf der Bühne und im Film als auch ihren Mitmenschen im Leben begegnet ist. Haltungen, die sie nicht nur schätzte, sondern einforderte. Meine Gesprächspartner haben das beherzigt, sich als »Wächter« bewährt und mir gleichzeitig bei der Annäherung an eine Frau geholfen, die Wärme und Nähe vermitteln konnte und sich und den anderen gleichzeitig die Distanz zugestand, die sie zum Leben und Arbeiten brauchte.

1
Besetzung

»*Ein Festival der vielen Stimmen*«

»Man konnte mit ihr über alles reden.« Wie oft habe ich diesen Satz von verschiedenen Menschen gehört! Ruth Drexel war für ihre Gesprächsbereitschaft und ihre Offenheit berühmt – mit einer Ausnahme: Man konnte mir ihr über alles reden, aber sie sprach nicht gern über sich selbst. Diesen Unwillen verbarg sie allerdings so gut, dass es zunächst niemandem auffiel. Erst in exponierten Situationen wie nach dem plötzlichen Tod ihres Lebensgefährten Hans Brenner oder bei ihrer eigenen schweren Erkrankung wurde deutlich, wie wenig man von ihrem Befinden wusste – und das galt für ihr ganzes Leben. Distanz gehört zu den Schlüsselwörtern ihres Lebens und ihrer Arbeit. Sie forderte sie ein und setzte sie durch. »Wahrscheinlich zeichnen sich gute Regisseurinnen und Regisseure durch dieselbe Eigenschaft aus wie gute Fußballtrainer: Sie können sehr gut mit Distanz umgehen. Sie wissen genau, wie groß die Nähe sein darf, um von dem (Schau-)Spieler eine Topleistung abzurufen«, sagte mir Josef Hader. »Ich glaube nicht, dass Ruth zwischen Familie, Beruf, Freizeit und Arbeit trennen konnte, weil alles so vermischt war.« Folgerichtig war es notwendig, sich immer wieder aufs Neue abzugrenzen, um nicht von der Umgebung aufgesogen zu werden. Distanz diente Ruth Drexel als Hilfsmittel, sich den Raum zu schaffen, in dem sie zu sich selbst kam – inmitten der anderen. Mit einem »Festival der vielen Stimmen«, wie Josef Hader Ruth Drexels Theaterarbeit einmal genannt hat, möchte ich versuchen, einer Frau näherzukommen, die wie kaum eine andere die Kunst beherrscht hat, nicht alle und alles nahe an sich herankommen zu lassen.

Meine Gesprächspartner:

Familie

KATHARINA ADAMI,
 die große Kathi, 1956 geborene Tochter aus der Ehe mit Michael Adami, Journalistin beim Bayerischen Fernsehen, Thema Wirtschaft, lebt mit ihrer Familie in der Nähe von München.

CILLI DREXEL,
 Tochter von Ruth Drexel und Hans Brenner, geboren 1975, Regisseurin, lebt mit ihrer Familie in Hamburg.

KATHARINA BRENNER,
 die kleine Kathi, älteste Tochter von Hans Brenner und Susanne Kappeler, geboren 1964, Schauspielerin, lebt mit ihrer Familie in Köln.

Vertraute

SUSANNE SCHULZ,
 Sekretärin im Münchner Volkstheater und anschließend Ruth Drexels Privatsekretärin.

Ruth Drexel als Bernarda Alba in *Bernarda Albas Haus* von Federico García Lorca, Regie: Wilfried Minks, Residenztheater München 1984

Frühe Weggefährtinnen und -gefährten

LIS VERHOEVEN,
Schauspielerin, Regisseurin, Intendantin. Sie besuchte Ende der 1940er/Anfang der 1950er Jahre zusammen mit Ruth Drexel die Otto-Falckenberg-Schule.

ENZI FUCHS,
Schauspielerin, die mit Ruth Drexel in den 1950er/1960er Jahren eng befreundet war, als beide in Berlin – an verschiedenen Bühnen – engagiert waren.

WERNER ASAM,
Schauspieler, Regisseur, Autor, wohnte in den 1970er Jahren zusammen mit Ruth Drexel und Hans Brenner in einer Kommune in Feldkirchen bei München.

HANS SCHULER,
Schauspieler, spielte in den 1980er Jahren zusammen mit Ruth Drexel in Franz Xaver Bogners Fernsehserie *Zur Freiheit* und wirkte in vielen Volkstheater-Produktionen mit.

Weggefährten am Münchner Volkstheater
sowie bei den Tiroler Volksschauspielen

In München und in Telfs spielten und inszenierten
GREGOR BLOÉB
VERONIKA EBERL
LORENZ GUTMANN
BARBARA HEROLD

CHRISTINE OSTERMAYER
KRISTA POSCH
KLAUS ROHRMOSER
KATHARINA THALBACH
MARKUS VÖLLENKLEE
SOPHIE WENDT

Zu den Initiatoren der Tiroler Volksschauspiele gehören der Autor
FELIX MITTERER

und die langjährige Geschäftsführerin
SILVIA WECHSELBERGER

Entscheidend für die Realisierung des Festivals war der damalige Telfer Bürgermeister
HELMUT KOPP

Ein Freund, der im Rahmenprogramm in Telfs auftrat, ist der Kabarettist
JOSEF HADER

In München spielten und inszenierten
WOLFGANG MARIA BAUER
NIKOLAUS PARYLA

Ruth Drexels Nachfolger als Intendant des Münchner Volkstheaters wurde der Schauspieler und Regisseur
CHRISTIAN STÜCKL

Mit dem ehemaligen Oberbürgermeister der Landeshauptstadt München
CHRISTIAN UDE
verhandelte Ruth Drexel über Budget und Rahmenbedingungen ihres Hauses.

Nicht fehlen darf natürlich der Schauspieler, Kabarettist, Autor und Filmsohn Benno Berghammer aus der Erfolgsserie *Der Bulle von Tölz*
OTTFRIED FISCHER

Nicht alle Weggefährten Ruth Drexels, mit denen ich gern über sie gesprochen hätte, standen zur Verfügung – meistens aus zeitlichen Gründen oder aus solchen, die sie für sich behalten haben.

2
Kind

*»Als kleines Kind hab ich kein Wort
Bayerisch gekonnt.«*

Ruth Drexel wurde am 12. Juli 1930 im niederbayerischen Vilshofen geboren. Die Familie zog bald nach Trostberg im Chiemgau, wo der Vater Walter Drexel eine Bankfiliale leitete. Die Mutter Friederike stammte aus Berlin. Der Autorin Krista Hauser gestand Ruth Drexel, Bayerisch zu lernen sei so etwas wie eine Überlebensstrategie für sie gewesen, um von den anderen Kindern nicht »Preußensau« genannt zu werden, denn »als kleines Kind hab ich kein Wort Bayerisch gekonnt«. Sie lernte schnell; bereits in der ersten Klasse sprach sie genauso gut Bayerisch wie ihre Mitschüler. Doch das bedeutete noch lange nicht, dass sie von ihnen akzeptiert wurde, denn ihre Familie war anders als die meisten: Bildung und Kultur wurden bei den Drexels hoch geschätzt. Der Vater spielte Klavier, traf sich mit Freunden zum Musizieren. Auch mit Literatur kam die kleine Ruth schon früh in Berührung durch die umfangreiche Bibliothek ihrer Eltern. Und so kam es, dass sie eher lesen lernte, als sich die »Schuhbändel zuzuschnüren«, worüber die anderen Kinder sich lustig machten. Aber auch das holte sie schnell auf. Als ihre Brüder auf die Welt kamen, endete die Zeit, in der Ruth alleiniger Mittelpunkt der Familie war. 1935 wurde Walter, 1938 Klaus geboren. Die große Schwester musste sich langsam daran

Ruth auf dem Arm ihrer Mutter Friederike Drexel

Zwei kleine Pierrots: Ruth mit einem Freund, um 1934

gewöhnen, die Aufmerksamkeit, die ihr bisher geschenkt wurde, mit den beiden Kleinen zu teilen.

Zum Glück gab es den Großvater. Er liebte es, mit seiner Enkelin zusammen zu sein, und dachte sich Märchen und Geschichten aus, in denen nicht nur Zwerge und Elfen vorkamen, sondern auch ein kleines Mädchen namens Ruth und ihr Großvater. Der Schlusssatz einer seiner Geschichten hatte sich ihr lebenslang eingeprägt: »Am Abend sitzt er vor dem Haus, um still ins Land zu sehen.« Durch den Großvater lernte sie die Macht der Phantasie kennen. Die von ihm und später auch von ihr erfundenen Welten waren notwendige Zufluchtsorte, denn die reale Welt um sie herum war aus den

#

Schon früh auf Skiern: Ruth, um 1935

Puppenmutter Ruth mit ihrem Bruder Walter, um 1938

Fugen geraten: Der Nationalsozialismus dominierte alle Lebensbereiche. Kurz nachdem der Krieg begonnen hatte, kam Ruth ins Gymnasium nach Traunstein. Nicht nur der lange Schulweg bedeutete von Anfang an eine große Belastung – die Stadt war mehr als zwanzig Kilometer von ihrem Heimatort entfernt –, sondern die Unregelmäßigkeit, mit der die Züge verkehrten. Und auch der Unterricht fand nicht immer planmäßig statt. Ruth musste viel Zeit mit Warten an unwirtlichen Orten verbringen.

Der Krieg bestimmte damals das Leben. Die permanente Bedrohung hatte in den Alltag Einzug gehalten. Jeden Tag bestand die Gefahr, dass der Zug, mit dem Ruth und ihre

Klassenkameraden von Trostberg nach Traunstein unterwegs waren, bombardiert wurde. In der Nähe von Traunstein befand sich nämlich eine Munitionsfabrik. Die Kinder entwickelten Strategien, wie sie entkommen, wohin sie fliehen und wo sie sich verstecken könnten. Manchmal stoppte der Zug einfach irgendwo auf freier Strecke, dann mussten die Fahrgäste aussteigen, zu Fuß nach Hause gehen oder hoffen, dass sie von einem Auto mitgenommen wurden. Im Nachhinein bezeichnete Ruth Drexel ihr damaliges Lebensgefühl als ein ständiges Schwanken zwischen Abenteuerlust und Angst. Sie hatte schon früh die Angst der Erwachsenen verspürt, die sich langsam auf sie übertrug. Zunächst war sie diffus und wirkte sich vor allem auf ihr Lebensgefühl aus: keine unbeschwerte Kindheit, sondern eine stark belastete. Ruth befand sich in der ständigen Erwartung eines Unheils. Die Erwachsenen waren viel zu sehr mit sich selbst und ihren Befürchtungen beschäftigt, als dass sie ihre Kinder in dieser schweren Zeit unterstützen konnten. Sie waren überfordert. Ruths Ängste nahmen immer mehr konkrete Gestalt an und konzentrierten sich auf ihren Vater, der eingezogen war. Sie fürchtete, genau wie ihre Mutter, er könnte im Krieg fallen. Ihre Ängste waren berechtigt: Er starb in den letzten Kriegstagen. Die Familie erfuhr jedoch erst ein Jahr später davon. In diesen frühen Erfahrungen, die Ruth Drexel als Kind und Jugendliche machte, sieht ihre älteste Tochter Katharina einen Schlüssel für das Leben und vor allem für die Arbeit ihrer Mutter und der Schauspielergeneration, der sie angehörte.
»Das Besondere an dieser Riege der phantastischen Schauspieler, die in ihrer Arbeit eine ungeheure Qualität abliefern, wie meine Mutter, Hans Brenner, Walter Schmidinger, Karl Obermayr – dazu gehören natürlich auch noch andere –, hat

mit dieser frühen Kriegserfahrung zu tun«, ist sich Katharina Adami sicher. »Meine Mutter ist 1930 geboren, genau wie mein Vater, und war fünfzehn, als der Krieg aus war. Sie hat solche Erfahrungen gemacht wie die, ihre kleinen Brüder schnell in den Luftschutzbunker zu bringen. Und diese Generation hat schreckliche Dinge in ihrer nächsten Umgebung erlebt. Ich glaube, dass alle davon schwer gezeichnet waren. Und dass die nächste Generation – also wir – noch viel davon mitbekommen hat. Man müsste sich bei allen kriegerischen Auseinandersetzungen klarmachen, wie viele Generationen von traumatisierten Menschen man da hervorbringt. Was ich meine: Die Schauspielergeneration, zu der meine Mutter gehört, hatte wirklich etwas zu erzählen. Sie konnten einfach auf der Bühne stehen und mussten keinen Handstand-Überschlag machen, um Aufmerksamkeit zu erzielen. Sie hatten nicht nur etwas zu erzählen, sie wollten es auch. Es war ihnen wichtig, ›normalen‹ Menschen eine Stimme zu verleihen oder ihre Sprachlosigkeit darzustellen. Nicht irgendwie von ferne, sondern unmittelbar, sie kannten diese Menschen. Ich denke, es ging um Aufklärung. Ich weiß gar nicht, ob man dieses Wort noch in den Mund nehmen darf. Ich tu's jetzt trotzdem.«

Der Schauspieler und Regisseur Markus Völlenklee bestätigt: »Natürlich ist Ruth nicht denkbar ohne die Nazizeit in Trostberg. Ich kann mich gut erinnern, dass wir hier in Tirol einen Autorenwettbewerb veranstaltet haben, bei dem es 105 Einsendungen gab. Davon wurden dann drei Stücke ausgezeichnet. Ruth hat eine Komödie über die Machtergreifung der Nazis in München favorisiert, in der es darum ging, dass diese Machtergreifung aus dem Ruder lief und Täter und Opfer schließlich eine eigenartige Koalition miteinander eingingen. Da habe ich eingewendet: ›Sag mal, Ruth, verharmlost das nicht irgendwie die Nazis? Es macht sie so blöd.‹ Bis heute kann ich mich noch an ihren Schrei erinnern: ›So waren sie. Sie waren blöd und gerade deswegen so gefährlich!‹«

Für Ruth Drexel war das Wort Aufklärung kein abgedroschener Begriff, sondern programmatischer Teil ihrer Arbeit. Die frühe Kriegserfahrung hatte bei ihr nicht nur ein Bewusstsein für den Ernst des Lebens geschaffen, sondern auch für die Eigenverantwortlichkeit jedes einzelnen Menschen: Die Welt ist verwandelbar, jeder ist beteiligt und hat Einfluss auf ihre Gestaltung. Diese Gewissheit und dieser Anspruch machten einen Teil ihrer großen Bühnen- und Leinwandpräsenz aus. Sie konnte einfach nur dastehen, schauen, sprechen und erzielte mit sparsamsten Mitteln größtmögliche Intensität.

Diese Kunst ist in einem *Tatort* von Felix Mitterer aus dem Jahr 2006 zu erleben: *Tod aus Afrika*. Ruth Drexel verkörpert eine alte Frau, die, zusammen mit ihrer Tochter und ihrem Sohn, in Tirol ein Flüchtlingsheim leitet und vor nichts zurückschreckt, um einen afrikanischen Jungen, einen Kindersoldaten, der einen Insassen des Heims ermordet hat, zu schützen. Sie ist energische Verteidigerin und liebevolle Beschützerin zugleich, die taktiert und regiert. In den großen Momenten des Films verraten ihre Augen, was sie fühlt. Der Klang ihrer Stimme ist genauso wandelbar wie ihr Mienenspiel: hoch und schrill, wenn sie die männlichen Flüchtlinge zurechtweist: »Bei euch zu Hause könnt ihr den Pascha spielen, aber nicht bei mir.« Weich und fast tonlos, wenn sie angesichts der Zeichnungen des Jungen, aus denen seine Taten abzulesen sind, erklärt: »Er ist doch noch ein Kind.«

Sie sei vor dem Kriegsende nahe daran gewesen, das Vertrauen zu verlieren, dass man einem Verhängnis entrinnen kann, schrieb Ruth Drexel in einem Artikel zum Ende des Zweiten Weltkriegs, der am 1. Mai 1995 im *Münchner Merkur* erschien. Ein Vertrauen, das überlebensnotwendig ist. Der 8. Mai 1945 sei für sie daher in vielfacher Hinsicht ein Tag der Befreiung gewesen. Damals war sie vierzehn Jahre alt. »Ich kriegte ein schwammiges, großes, weißes Stück Brot mit einem Riesenklecks Erdnussbutter und hatte das überwältigende Gefühl von Gnade«, heißt es in dem *Merkur*-Artikel. »Auch die nächsten Tage wich das nicht.« Sie schildert die Stimmung als gelöst und beinahe übermütig. Kinder kletterten auf einem Panzer herum, die amerikanischen Soldaten wirkten angeheitert, verteilten Kaugummi, Schokolade, aber auch Seife und Schuhcreme. Auf dem Boden standen Weinflaschen. Damals hörte sie zum ersten Mal die Musik, die ihr so sehr gefiel und die man »Negermusik« nannte.

Für ihre Mutter war die Situation nach Kriegsende prekär: Sie war allein mit drei Kindern. Doch dank ihrer Entschlossenheit, Disziplin und fundierten Ausbildung zur Sekretärin gelang es ihr schnell, im Beruf Fuß zu fassen. Sie übernahm als Nachfolgerin ihres gefallenen Mannes die Leitung der Trostberger Filiale der Bank für Gewerbe und Landwirtschaft. Für ihre Kinder hatte sie auch schon Pläne geschmiedet: Während die beiden Jungen nach der Schule studieren sollten, hatte sie für ihre Tochter einen »schönen Frauenberuf« ins Auge gefasst. Die Münchner Meisterschule für Mode schien ihr die geeignete Ausbildungsstätte. »Wie sie darauf gekommen ist, das ist mir unerklärlich«, wundert sich Cilli Drexel noch heute. Ihre Mutter in der Modebranche – eine absurde Idee.

Natürlich lehnte Ruth den Vorschlag ihrer Mutter ab. Nein, Mode gehörte nicht zu den Dingen, die sie brennend interessierten und für die sie ihre Kräfte einsetzen wollte. Viel lieber wollte sie Psychologie studieren und wusste doch gleichzeitig, dass es aus finanziellen Gründen nicht möglich sein würde. Vorrang hatte die Ausbildung ihrer Brüder. Dass sie sich fügte, hieß jedoch nicht, dass sie das Thema aufgab. Ein Blick auf die Bücher, die sich im Laufe ihres Lebens angesammelt hatten, zeigt, dass sie sich das, was sie am meisten interessierte, im Selbststudium angeeignet hat: Psychologie. Ihre psychologische Bibliothek ist beeindruckend. »Psychologie hat meine Mutter wahnsinnig interessiert«, bekräftigt Cilli Drexel. »Dabei ist sie selbst nie zu einem Psychologen gegangen, auch nicht in harten Zeiten – nach dem plötzlichen Tod meines Vaters –, wo man hätte Rat holen können, weil sie das Gefühl hatte, sie weiß eigentlich alles. Was sicher gestimmt hat. Sie hatte zwar kein Abitur, aber sie war eine hochbelesene, total intellektuelle Frau. So hätte sie sich selber niemals bezeichnet, aber das war sie natürlich.«

Neben der Psychologie gab es noch einen anderen Bereich, der sie interessierte – vielleicht angeregt von ihrem Großvater, der ihr nicht nur den Weg ins Reich der Phantasie gewiesen hatte, sondern auch als Vermittler, Repräsentant, Protagonist dieses Reiches fungierte: Sie schätzte seine Kunst des Geschichtenerzählens. Die Literatur und das Theater übten eine große Anziehung auf sie aus. Den Beruf der Schauspielerin zog sie nicht in Betracht, weil sie das Theater als Luxus empfand und den Anspruch hatte, etwas Nützliches zu tun. Es sollte eine Weile dauern, bis sie in ihrer eigenen Arbeit beides miteinander verbinden konnte.

Die Faszination am Erzählen hat sich auf ihre Töchter übertragen. Dass sie beim Fernsehen gelandet sei, habe damit zu tun, vermutet Katharina Adami. »Ich bin Wirtschaftsjournalistin beim Bayerischen Fernsehen in der Wirtschaftsredaktion. Es sind ja trockene Inhalte, die ich darstellen, bebildern, argumentieren muss. Doch sie funktionieren nach denselben Gesetzmäßigkeiten: Wie kriege ich das Thema emotional über die Rampe? Was kann ich tun, damit sich irgendjemand dafür interessiert? Das ist immer wieder das Gleiche. Und ich merke, dass es mir leichtfällt.«

In einem Gespräch mit der Journalistin Gabriella Lorenz antwortete Ruth Drexel auf die Frage, wie es dazu kam, dass sie den Entschluss fasste, Schauspielerin zu werden: »Das war eine reine Trotzreaktion.« Weil ihr Wunsch nach einem Psychologiestudium abgelehnt worden war, habe sie überlegt, welcher Beruf ihre Familie am meisten ärgern würde. »Das war eindeutig die Schauspielerei.« Offensichtlich hat sie sich innerhalb der Familie als Außenseiterin empfunden und früh zum Enfant terrible stilisiert. Sie fasste den Entschluss, bei der renommierten Otto-Falckenberg-Schule in München vorzusprechen, und setzte ihn um, nachdem sie die Mittlere Reife absolviert hatte. Dass es zu diesem Zeitpunkt keine Aufnahmeprüfungen gab, interessierte sie nicht. Ein Lastwagen der Süddeutschen Kalkstickstoffwerke nahm sie mit.

»Einen falschen Zopf von ihrer Mutter hat sie sich ins Haar hineingeflochten«, berichtet Cilli Drexel, »und sie hat sich nicht abweisen lassen.« An der Falckenberg-Schule war man erstaunt über die junge hübsche Frau, die geradewegs vom Lastwagen gestiegen war und nun mit staubigen Kleidern und verschmutztem Gesicht vorsprechen wollte. Man riet ihr, nach Hause zu fahren und zum offiziellen Aufnahmetermin wiederzukommen, aber das kam für sie nicht infrage. »Ich hab mich nicht abwimmeln lassen, bis ich vorsprechen durfte«, erzählte Ruth Drexel. Sie habe eine Szene aus einem von ihr selbst geschriebenen Stück dargeboten, in der vier Personen miteinander kommunizierten. Folglich sei sie immer »von einem Fleck zum andern gehupft«. Der damalige Leiter der Falckenberg-Schule, Heinrich Sauer, und die Schauspielerin und Lehrerin Inge Birkmann waren so beeindruckt, dass man sie mitten im Semester aufnahm. Doch der Erfolg ihres »gewaltsamen Einschleichens« war nur von kurzer Dauer, denn nach einem halben Jahr riet man ihr, den Unterricht zu unterbrechen, da sie noch zu jung und »unreif« sei. Ausschlaggebend dafür war gewesen, dass sie bei einer Schauspielübung nicht den Erwartungen entsprochen hatte. Die Aufgabe bestand darin, sich einen Brand vorzustellen und einen bestimmten Satz zu sprechen, wenn man vor seinem inneren Augen die Flammen lodern sah. Nach einigen Minuten der Selbstversenkung ihrer jüngsten Schülerin wurden die Lehrer ungeduldig und fragten: »Ruth, was ist los?« Ihre Antwort lautete: »Ich seh nix.« Als sie nach zehn Minuten immer noch kein Feuer sah und folglich weiter schwieg, platzte den Lehrern der Kragen. Sie hielten ihre ehrliche Antwort für eine Provokation und schickten die vermeintlich renitente Elevin nach Hause.

Für Ruth Drexel war die Abfuhr eine Art Schlüsselerlebnis und Lehrstück in Sachen Ehrlichkeit. Diese wurde zwar gewünscht, aber nicht immer goutiert. Ruth Drexel ging sogar so weit zu sagen, dass man durch solche Erfahrungen eigentlich zum Lügen aufgefordert wurde. Etwas, was ihr zeitlebens fernlag. Sie mochte sich nicht verstellen und ließ sich nicht korrumpieren.

Wieder zurück in Trostberg blieb ihr nichts anderes übrig, als bei ihrer Mutter in der Bank zu arbeiten. Sie tat es gar nicht so ungern. »Deswegen konnte meine Mutter phantastisch rechnen. Zahlenkolonnen rechnen. Sie hatte eine riesige Affinität zu Zahlen und Geld«, staunt Cilli Drexel. Und Ruth Drexel kommentierte im Nachhinein, das Umrechnen von Devisen, überhaupt das Rechnen mit Geld habe einen gewissen Reiz für sie gehabt, weil es so konkret war. Doch ihr eigentliches Ziel verlor sie nicht aus den Augen und meldete sich im nächsten Jahr, 1949, an der Falckenberg-Schule zur offiziellen Aufnahmeprüfung an. Sie wurde aufgenommen und bestand auch die halbjährige Probezeit.

Dass sie in den Nachkriegsjahren sehr bescheiden leben musste, empfand Ruth Drexel als normal. Ihren Kommilitonen ging es ähnlich. Ihr Studium finanzierte sie mithilfe eines Stipendiums, das sie als Kriegswaise erhielt. Die Mutter zahlte ihr das Zimmer in München. Wenn sie kleine Auftritte an den Kammerspielen hatte, verdiente sie sich etwas dazu. Das Studium gefiel ihr sehr, vor allem die Sprachausbildung und der Rollenunterricht, aber auch die Gymnastik und das Fechttraining. Was sie als notwendiges Übel betrachtete, waren bestimmte Übungen der damals hochgeschätzten Stanislawski-Methode. Sie mochte weder die Art und Weise, wie dort Traumdeutung betrieben wurde, noch das autogene Training. All das schien ihr pseudopsychologisch und vor allem überflüssig, obwohl oder vielleicht gerade weil sie an Psychologie interessiert war. Schon damals empfand sie gegenüber bestimmten Techniken ein Unbehagen.

3
Vorbild

*»Mit der Giehse würde ich gern mehr
zu tun haben.«*

Eine ihrer Mitschülerinnen, die Schauspielerin und Regisseurin Lis Verhoeven, erinnert sich daran, dass Ruth Drexel von Anfang an etwas Besonderes war. Sie habe »einfach toll« ausgesehen, sei sehr zielstrebig und intelligent gewesen. Daher habe sie auch zu den bevorzugten Schülerinnen gehört, die bald bei Aufführungen mitspielen durften. Sie sei schon eine richtige Frau gewesen mit sehr viel Sexappeal und habe einen Freund gehabt, während alle anderen in der Klasse noch unerfahrene Mädchen waren. Doch habe sie ihre offensichtliche Überlegenheit niemals ausgespielt.

»Ruth Drexel war vom Typ her – das kann man sich heute vielleicht gar nicht mehr so vorstellen – eine absolute Sexbombe mit einem tollen Busen und allem, was dazugehört«, schwärmt Lis Verhoeven heute, mehr als sechzig Jahre später. »Sie war sehr hübsch, sehr temperamentvoll und uns allen auf diesem Gebiet weit voraus. Eine, die sich dessen auch bewusst war, sich dementsprechend kleidete und auch gar keinen anderen Ehrgeiz hatte – bis Therese Giehse in den Kammerspielen spielte. Nachdem sie diese auf der Bühne gesehen hatte, sagte sie zu uns: So will ich werden. Das will ich spielen, das ist ab jetzt mein Ziel. Und von diesem Zeitpunkt an war äußerlich bald nichts mehr von der Sexbombe zu erken-

Ruth Drexel und Hans von Borsody in dem Heimatfilm *Jägerblut*, Regie: Hans Heinz König, 1957

nen. Sie hat sich vorgenommen, Rollen zu spielen wie Therese Giehse und dieser Typ zu werden. Das hat sie völlig verinnerlicht und ja dann auch erreicht.«
Ihre Mitschülerinnen waren von diesem Plan verblüfft, berichtet Lis Verhoeven. »Ich hab das damals gar nicht nachvollziehen können. Für mich wäre das kein Ziel gewesen. Ich wollte weder so aussehen wie die Giehse noch wollte ich die Mutter Courage spielen, aber das war die Rolle, die Ruth spielen wollte, unbedingt, und die hat sie auch gespielt. Das hat sich mit ihrem politischen Hintergrund und ihren Wünschen vereint. Sie hatte damals schon einen politischen Anspruch an das Theater und an sich selbst. Wir anderen waren ja relativ harmlos in dieser ganzen Beziehung. Mich haben damals einfach Rollen und Theaterstücke interessiert.«
Auch der Schauspieler Werner Asam hat diese Entwicklung Ruth Drexels beobachtet. »Das wird die neue Giehse«, hieß es in Theaterkreisen über sie. »Sie wird in ihre Fußstapfen treten.« Er war beeindruckt von ihrer Attraktivität und Bodenständigkeit und verweist auf die Fernsehverfilmung von Ludwig Thomas Stück *Magdalena* aus dem Jahr 1954, in dem sie die Titelrolle spielte. »Eine unglaublich rassige, temperamentvolle Schönheit, ein Bild von einer Frau. Sie hatte so fordernde helle, graublaue Augen und einen merkwürdig wissenden Zug im Gesicht. Sie konnte einen so anschauen, dass man dachte, die weiß sowieso alles. Die meisten waren neben ihr Schattengewächse. Sie hatte eine unheimliche Präsenz.«
Nikolaus Paryla, der das Privileg genossen hatte, als kleines Kind in Zürich von Therese Giehse, die mit seinen Eltern befreundet war, betreut zu werden, berichtet: »Ruth hat mich oft an die Thesi, so nannte ich meine Babysitterin Therese Giehse, erinnert. Die Giehse war ja eine fast dämonische,

Ruth Drexel in *Herzliche Grüße aus Grado*. Das Stück von Franz Xaver Kroetz wurde 1972 als Fernsehspiel gesendet, bevor es 1976 am Düsseldorfer Schauspielhaus uraufgeführt wurde.

strenge und trotzdem liebevolle, zärtliche Frau. Aber Ruth hat noch etwas anderes gehabt. Sie war volkstümlicher.«
In einem handschriftlichen Manuskript vom Juni 1973 aus Ruth Drexels Nachlass in der Monacensia heißt es: »Wenn man mir vor 20 Jahren gesagt hätte, ich soll über die Giehse

schreiben, hätte ich ganze Bücher gewusst. Jetzt fällt es mir schwer. Ich würde lieber mit ihr reden oder essen oder arbeiten.« Zu welchem Anlass Ruth Drexel diesen Text verfasst hat, ist nicht ersichtlich. »Natürlich bewundere ich die Giehse, aber ich würde sie lieber weniger bewundern und mehr mit ihr zu tun haben«, bekennt sie und fragt: »Wird Therese nicht auf einen imaginären Thron verbannt, auf dem sie, ein besonders lebendiger, kreativer Mensch überhaupt nichts zu suchen hat?« Sie erinnert sich an ihre Anfänge auf der Schauspielschule. Da fand sie zeitweise vieles »überflüssig und albern« und war nicht sicher, ob sie überhaupt die Theaterlaufbahn einschlagen sollte. Doch dann habe sie bei einer Probe zuschauen dürfen und gesehen, wie Therese Giehse »aus einem leeren Teller ein Gulasch gegessen hat. Und dann hat es mich wieder interessiert.« Diese scheinbar banale Szene wurde für Ruth Drexel zu einem Schlüsselerlebnis, das ihren weiteren Weg bestimmt hat.

»Die Giehse war ein großes Vorbild für die Ruth«, berichtet Katharina Thalbach. »Jedenfalls haben wir oft über sie gequatscht, denn da gab es viele Parallelen, vor allem in der Haltung. Ruth war eine der ersten Frauen, die sich in diese Theaterlandschaft, in diese Männerwelt gewagt hat, ohne auf Emanze zu machen. Einfach aus Liebe zum Theater. Das war natürlich toll und das hat sie mit der Giehse und das hat auch uns beide sehr verbunden.«

Nachdem Ruth Drexel ihr Studium an der Otto-Falckenberg-Schule erfolgreich beendet hatte, erhielt sie 1953 ein Engagement an den Münchner Kammerspielen. Sie war damals zwiegespalten: Eigentlich wäre sie gern an ein Provinztheater gegangen, wo sie ziemlich bald die großen interessanten Rollen würde spielen können, andererseits bestand das Ensemble der Kammerspiele aus hervorragenden Schauspielern und Regisseuren, von denen sie viel lernen konnte. Dazu gehörte Hans Schweikart, der Intendant und Regisseur, dessen direkte Herangehensweise an die Stücke und an die Rollen ihr zusagte. Im Gegensatz zu einigen ihrer Kollegen fand sie ihn nicht kalt und abweisend, sondern nur zurückhaltend. Er nahm dem Theater das Weihevolle, Pathetische, Heilige, indem er die Bühne als Raum auffasste, in dem man spielen konnte. Nicht mehr und nicht weniger. Schweikarts Auffassung korrespondierte mit der eines anderen Großen, den Ruth Drexel noch kennenlernen sollte: Bertolt Brecht. 1950 wurde an den Kammerspielen *Mutter Courage und ihre Kinder* aufgeführt, ein Jahr nach der deutschen Uraufführung im Deutschen Theater Berlin. Therese Giehse spielte die Hauptrolle.

Siebenmal habe sie die *Courage* in München gesehen, schreibt Ruth Drexel in ihrem Manuskript. »Bei der Giehse knisterte alles. Sie war eitel wie ein Pfau als Courage, in der Art, wie ihr Rock über die Bühne fegte, war Grandezza, Flamenco.« Besonders gemocht habe sie das Lachen der Giehse. »Sie kann zart und meckernd lachen, hinterhältig und laut und groß. Sie kann Geschichten über Leute erzählen mit ihrer dunklen Stimme. Sie sind genau beobachtet und mit Erfindungen ausgestattet. Sie stellt Leute bloß, aber sie gibt sie nicht preis. Sie hasst Sentimentalitäten.« Es waren vor allem die Widersprüche in der Persönlichkeit Therese Giehses, die Ruth Drexel interessierten. »Die Kehrseite ihrer kämpferischen Lust am Entlarven ist Güte, gepaart mit Intelligenz. Deshalb ist sie für mich auf eine schneidende Weise auch eine rührende Gestalt. Deswegen habe ich als Zuschauer Tränen geweint und gelacht.«

Fünf Jahre später, 1955, wirkte Ruth Drexel in Brechts Stück *Der gute Mensch von Sezuan* mit. Brecht kam nach München und schaute sich die Proben an. Die Spannung im Ensemble war groß. Wie würde er reagieren? Er tat etwas für die Schauspieler sehr Ungewöhnliches: Er kritisierte nicht etwa ihre Darstellungsweise, erteilte keine Regieanweisungen, sondern erzählte zu jeder Szene eine Geschichte. Der Autorin Krista Hauser sagte Ruth Drexel: »Ich habe Brecht verstanden. Ich gehe auf die Bühne und spiele ein Spiel. Diese Sicht entsprach mir, entspricht mir immer noch, weil sie der Wahrheit am nächsten ist.«

Folgerichtig zog es sie an den Ort, an dem Brechts Auffassungen vom Theater umgesetzt wurden, nach Ostberlin. Unterstützung bei diesem Vorhaben fand sie bei dem Dramatiker Peter Hacks, dessen Stück *Die Eröffnung des indischen Zeitalters* 1955 an den Kammerspielen uraufgeführt wurde – mit Ruth Drexel in der Rolle einer Sirene. Er vermittelte ihr Kontakte zu den Berliner Bühnen: Zunächst sprach sie an der Berliner Volksbühne vor, dann am Deutschen Theater, schließlich bei Helene Weigel. In den Spielzeiten 1957/58 und 1958/59 war sie Mitglied des Berliner Ensembles, das Helene Weigel seit Brechts Tod im August 1956 leitete. Zu diesem Zeitpunkt war Ruth Drexel bereits mit Michael Adami verheiratet, der bei der Air France arbeitete. Die Tochter Katharina wurde 1956 geboren. Die kleine Familie lebte in Solln, einem Stadtteil im Münchner Süden. Ihren Ehemann hatte Ruth Drexel durch einen Mitschüler auf der Falckenberg-Schule, Michael Ende, kennengelernt. Der Autor der *Unendlichen Geschichte* und vieler anderer berühmter Jugendbücher war ein Klassenkamerad Michael Adamis gewesen.

Künstlerisch kamen Helene Weigel und Ruth Drexel hervorragend miteinander aus. Dass sich die junge Schauspielerin aus Bayern in Ostberlin zunehmend unwohl fühlte, hatte andere Gründe: Als wachsamer Mensch, dessen Leben sich nicht nur im Theater abspielte, erkannte sie bald, dass ein großer Unterschied bestand zwischen der kleinen Welt des Berliner Ensembles und der großen Welt draußen. Im Theater war so gut wie alles möglich, man konnte alles äußern, sich entfalten. Man bewegte sich frei in dem Schutzraum, den Bertolt Brecht und Helene Weigel für sich, ihre Arbeit und ihr Ensemble geschaffen hatten. Ruth Drexel gefiel es überhaupt nicht, durch ihren Beruf – als Mitglied des hochangesehenen Berliner Ensembles – bevorzugt zu werden. Privilegien dieser Art lehnte sie ab. Sie konnte nicht darüber hinwegsehen, dass es den anderen Menschen in nahezu jeder Hinsicht schlechter ging. Sie war enttäuscht von einem politischen System, in das sie Hoffnungen gesetzt hatte. »Ich hatte an eine Vision geglaubt, eine Staatskonstruktion, die es möglich macht, dass es den kleinen Leuten besser ging, aber denen ging es miserabel«, erklärte sie Krista Hauser. Die Art und Weise, wie man mit der Bevölkerung umging, habe sie regelrecht verstört. Der Konflikt, unter dem sie litt, ließ sich nur lösen, indem sie das Theater verließ. Das tat sie 1959 bei einem Gastspiel in Paris. Das Berliner Ensemble war mit Bertolt Brechts Stück *Der aufhaltsame Aufstieg des Arturo Ui* beim Festival »Theater der Nationen« eingeladen. Ruth Drexel ging nicht mit zurück nach Ostberlin, sondern ließ sich von ihrem Mann abholen und fuhr mit ihm und ihrer kleinen Tochter zurück nach Bayern.

In der Spielzeit 1961/62 war Ruth Drexel wieder an den

Münchner Kammerspielen tätig. Doch lange hielt sie es nicht aus. Es zog sie nach Berlin – diesmal in den Westen an die Schaubühne am Halleschen Ufer, wo sie glaubte, künstlerisches und politisches Engagement am ehesten miteinander verbinden zu können. Zwischen den beiden Städten – München, wo ihr Mann und ihre kleine Tochter lebten, und Berlin, wo sie ihren Drang nach Selbstverwirklichung befriedigen konnte – fühlte sie sich hin- und hergerissen. Sie fand im Umkreis der Schaubühne viele Gleichgesinnte und vor allem eine Atmosphäre, in der neue Wege möglich waren – anders als an den anderen deutschen Stadt- oder Staatstheatern. 1966 spielte sie dort in Stücken von zwei bayerischen Autoren, die für sie wichtig bleiben sollten: Marieluise Fleißers *Der starke Stamm* und Martin Sperrs *Jagdszenen aus Niederbayern*. In Fleißers Stück verkörperte sie die Balbina, eine Rolle, in der sie sechzehn Jahre zuvor die von ihr verehrte Therese Giehse erlebt hatte – 1950 bei der Uraufführung an den Münchner Kammerspielen.

In Berlin schloss Ruth Drexel Freundschaft mit der Schauspielerin Enzi Fuchs, einer ihrer ältesten Weggefährtinnen: »Kennengelernt haben wir uns schon 1965 oder 1966 in München«, berichtet die Kollegin. »Ruth hatte mich im Volkstheater gesehen und zu sich nach Hause eingeladen, zusammen mit Leuten von der Schaubühne am Halleschen Ufer. Auf ihre Empfehlung hin bin ich nach Berlin gegangen und habe dort *Jagdszenen aus Niederbayern* gespielt. Mitte der 1960er Jahre in Berlin – das war unsere engste gemeinsame Zeit. Wir haben uns angefreundet, waren ständig zusammen, haben uns täglich gesehen, sind miteinander essen gegangen. Wir haben beide in einem Künstlerhotel gewohnt, das damals sehr berühmt war: der Askanische Hof. Oft hat sie gesagt:

Schlaf halt mal bei mir. Dann haben wir uns bis spät in die Nacht Geschichten erzählt – vom Theater. Ich erinnere mich noch gut, einmal sind wir – sie ist nicht so gern geflogen, obwohl sie es ja durch ihren Mann, der bei der Air France war, sehr preiswert hätte tun können – mit dem Auto nach der Vorstellung durch die Zone, wie man damals noch sagte, zu ihr nach Hause gefahren. Wir kamen total fertig in Solln an. Ich hatte damals ein ganz neues Auto, deshalb waren wir ausgiebig kontrolliert worden. Als wir endlich bei ihr in der Wohnung ankamen, haben wir uns beide auf dem Fußboden hingelegt und erst einmal geschlafen, bis ihre Tochter Kathi von der Schule kam.«

1967 lernte Ruth Drexel an der Berliner Volksbühne bei einer Aufführung von Carl Sternheims *Bürger Schippel* den aus Tirol stammenden jungen Schauspieler Hans Brenner kennen. Er habe im Theater plötzlich eine gellende Stimme gehört, die durchs ganze Haus schallte: »Wo ist mei Geldbörsl, wo ist denn mei Geldbörsl, wer hat denn mei Geldbörsl?« Natürlich habe er sofort den bayerischen Tonfall erkannt. Er habe ihr angeboten: »I kann Ihnen Geld leihen, wenn's um das geht«, doch sie habe abgelehnt: »I brauch koa Geld, i brauch mei Geldbörsl.« 1969 standen die beiden an der Schaubühne am Halleschen Ufer im *Viet Nam Diskurs* von Peter Weiss gemeinsam auf der Bühne. Regie führten Peter Stein und Wolfgang Schwiedrzik. Der »Diskurs über die Vorgeschichte und den Verlauf des lang andauernden Befreiungskrieges in Viet Nam als Beispiel für die Notwendigkeit des bewaffneten Kampfes der Unterdrückten gegen ihre Unterdrücker sowie über die Versuche der Vereinigten Staaten von Amerika, die Grundlagen der Revolution zu vernichten« geriet zum Skandal und wurde nur dreimal

Walter Schmidinger und Ruth Drexel in *Heimarbeit* von Franz Xaver Kroetz, Regie: Horst Siede, Uraufführung Münchner Kammerspiele 1971

gespielt. Auf dem Cover der Februarausgabe des Magazins *Theater heute* prangt ein Szenenfoto mit dem Kommentar »Die jungen Leute und das alte Theater«. Ruth Drexel bezeichnete die Zeit, die sie in Westberlin verbrachte, als spannend und wild. Auch habe sie die Arbeit an der Schaubühne und an der Volksbühne weitergebracht. »Erst in

Berlin war ich voll da«, erklärt sie. »Politisch hat sich viel bewegt, wenn auch viel heiße Luft dabei war.«

Doch auch in München war das Theater in den späten 1960er und frühen 1970er Jahren Schauplatz von Skandalen. Nach der Premiere von Franz Xaver Kroetz' *Heimarbeit* in den Kammerspielen wurde Ruth Drexel als »Skandalhexe« beschimpft. Es gab lautstarke Proteste gegen das »blasphemische, pornographische« Stück. Vor dem Theater versammelte sich eine wütende Menge, Sprechchöre ertönten, Stinkbomben wurden geworfen. Ruth Drexel hat der Filmemacherin Sybille Krafft gestanden, dass sie zitternd in ihrer Garderobe gesessen habe, bis ihr Partner Walter Schmidinger schließlich vorschlug: »Also, weißt was, wir fangen jetzt an, und wenn's dann losgeht, ja, dann kommst du einfach zu mir auf die Bühne und wir setzen uns auf das Sofa vorne hin und warten, was passiert. Und wenn's ganz schlimm wird, dann laufen wir einfach davon.«

4
Freiheit

»Die Welt als veränderbar begreifen.«

Franz Xaver Kroetz, Martin Sperr, Rainer Werner Fassbinder waren die jungen Autoren, von denen sich Ruth Drexel eine Erneuerung des Theaters versprach. Obwohl unterschiedlich in ihren ästhetischen Mitteln, verband sie das Interesse für die sogenannten kleinen Leute, die Unterdrückten, die Außenseiter und all diejenigen, die nur selten Protagonisten auf der Bühne waren. So schildert *Heimarbeit* das freudlose Zusammenleben eines Mannes und einer Frau, die in eine scheinbar hoffnungslose Situation geraten sind: Während der Ehemann nach einem Arbeitsunfall im Krankenhaus lag, war die Ehefrau eine kurze Liebesaffäre eingegangen und schwanger geworden. Der – auf der Bühne stattfindende – Abtreibungsversuch misslingt, die Frau bringt das Kind zur Welt, doch es wird von ihrem eifersüchtigen Mann ertränkt. Erst danach ist für beide wieder ein Zusammenleben möglich. In *Theater heute* hieß es über Horst Siedes Inszenierung der beiden Kroetz-Einakter *Hartnäckig* und *Heimarbeit*: »Siede und seine Schauspieler (vor allem: Ruth Drexel und Walter Schmidinger, Monica Bleibtreu und Hans Brenner) führen vor, dass diese verkrüppelten, verhärteten, auf ihre dürftigen Überlebenstriebe zurückgezogenen Menschen nicht exotische Wesen sind, sondern Alltagswesen, Jedermannsfiguren, Verkörperungen des nur noch stummen Protests.«

Ein weiterer Münchner Theaterskandal war folgenreich für Ruth Drexels Werdegang. 1971 wurde der Chefdramaturg der Münchner Kammerspiele Heinar Kipphardt nach der Premiere von Wolfgang Biermanns Theaterstück *Der Dra-Dra* entlassen. Darin wird von einem fürchterlichen Drachen erzählt, der das Volk terrorisiert. Regie führte Hansgünther Heyme. Für das Programmheft war geplant, auf einer Doppelseite 24 westdeutsche Machthaber aus Politik, Wirtschaft und Publizistik abzubilden, die als symbolische Drachen gelten konnten. Wegen juristischer Bedenken entschied der Intendant August Everding und der Chefdramaturg Heinar Kipphardt, die Fotos nicht zu veröffentlichen. Doch das Heft befand sich schon in der Druckphase, und so blieb die Doppelseite leer mit dem Vermerk: »Aus rechtlichen Gründen konnten die für diese Seite vorgesehenen Bilder von Drachen aus Politik und Wirtschaft leider nicht abgedruckt werden.« Eine Kopie des ursprünglichen Exemplars gelangte allerdings an Münchens damaligen Oberbürgermeister Hans-Jochen Vogel, der auch als Drache abgebildet werden sollte, und an den Schriftsteller Günter Grass. So wurde aus der hausinternen Debatte der Münchner Kammerspiele eine öffentliche, die in den folgenden Wochen die Medien beschäftigte.

Günter Grass nannte Kipphardt am 30. April 1971 in der *Süddeutschen Zeitung* einen »Stückeverfälscher«, der zur »Hexenjagd« aufrufe, und warf ihm vor, er müsse wissen, »in welche Gesellschaft er gerät, sobald ihm das Aufsetzen von Abschusslisten keine Bedenken bereitet. Die in Biermanns Parabelstück verankerte Aufforderung, den Drachen, wie immer er sich verkleiden mag, zu töten, ist Bühnenwirklichkeit. Das namentliche und bildkräftige Aufführen von Personen als abschussreife Drachen jedoch setzt schlimmste deutsche Tradition fort: Hetze, die zum Mord führen kann.« Heinar Kipphardt entgegnete am 10.5.1971 im selben Blatt, die beiden geplanten Fotoseiten hätten mit dem Kommentar versehen werden sollen: »Die auf dieser und noch einer Seite abgebildeten Personen sind eine denkbare Auswahl von Drachen im Sinne des Stückes. Sie sind austauschbar. Nicht die Personen, ihre Funktionen sind wichtig.« Er wundert sich: »Wenn nun diese gemeingefährliche Bekanntgabe von Kapitalmacht und deren Interessenvertretung glücklicherweise gar nicht veröffentlicht wurde, warum veröffentlichte das dann Günter Grass, und wieso hat er gekannt, was nicht erschienen ist? Auch wenn Günter Grass als ein großer Liebhaber des Theaters bekannt ist, kann seine Leidenschaft so weit gehen, dass er in seiner Freizeit Programmhefte von Aufführungen liest, die er nicht sieht?« Doch Heinar Kipphardt verlor das Machtspiel: Sein Vertrag wurde vom Münchner Kulturausschuss nicht verlängert, obwohl sich der Intendant für ihn ausgesprochen hatte. Unter großem Protest des Ensembles verließ er die Kammerspiele.

Zu den empörten Ensemblemitgliedern, die den Münchner Kammerspielen den Rücken kehrten, gehörten auch Ruth Drexel und Hans Brenner. Ihre nächsten Stationen waren das Staatstheater Stuttgart und das Staatstheater Darmstadt, wo mit Rolf Stahl ein Oberspielleiter tätig war, der sich für neue Stücke und neue Theaterformen interessierte. »Sie waren von großer Authentizität, ohne Aufdringlichkeit«, charakterisierte Rolf Stahl die beiden Schauspieler im Gespräch mit Krista Hauser. »Sie waren realistische Darsteller, die vieles ausprobierten, Regisseure ernst nahmen und dabei flexibel blieben.«

Von 1976 bis 1979 waren sie am Düsseldorfer Schauspielhaus engagiert. Parallel dazu spielten sie bis Mitte der 1980er Jahre am Münchner Residenztheater. In diese Zeit fällt auch Ruth Drexels Regiedebüt. 1978 inszenierte sie am Düsseldorfer Schauspielhaus Nestroys *Frühere Verhältnisse*, 1981 Nestroys *Talisman* am Münchner Residenztheater. Sie war die erste Frau, die an dem renommierten Haus inszenieren durfte.
Als Meilenstein innerhalb ihrer Arbeit hat Ruth Drexel die Uraufführung des Kroetz-Stücks *Männersache* 1972 in Darmstadt bezeichnet, mit dem sie auf Einladung des Goethe-Instituts auf Gastspielreise durch Skandinavien ging. Diese Tournee blieb für sie unvergesslich: Nicht nur weil sie mit ihrer zweiten Tochter schwanger war, sondern auch weil sie so begeisterte Reaktionen bei den Aufführungen in Dänemark, Norwegen und Finnland nicht erwartet hatte. Dabei hatte es bereits vor der Darmstädter Premiere einen Eklat mit dem Autor gegeben, der dazu führte, dass dieser wütend abreiste. Franz Xaver Kroetz konnte nicht akzeptieren, dass der Regisseur Rolf Stahl und die beiden Darsteller Ruth Drexel und Hans Brenner, für die er dieses Stück geschrieben hatte, den Schluss veränderten, weil er ihnen nicht gefiel. Anstatt des vom Autor vorgesehenen tödlichen Duells bevorzugten sie eine Wiederholung der nicht weniger grausamen Alltagsmonotonie. 1975 inszenierte der Autor dann sein Stück *Lieber Fritz* selbst – wieder mit Ruth Drexel und Hans Brenner in den Hauptrollen. Die beiden Protagonisten entwickelten einen eigenen Stil, um die Themen des Autors – Sprachlosigkeit, Verständnislosigkeit, Gewalt und Einsamkeit in Beziehungen – darzustellen, der nicht nur im bayerischen Sprachraum, sondern überall funktionierte. Sie beherrschten auch das sprachlose Spiel und erfanden Gesten

Ruth Drexel als Valerie in *Geschichten aus dem Wiener Wald* von Ödön von Horváth, Regie: Dieter Giesing, Residenztheater München 1978

und scheinbar belanglose Tätigkeiten von großer Ausdruckskraft. Hier zeigte sich bereits die große Kunst der beiden, eine Figur in all ihren Widersprüchlichkeiten zu verkörpern, ohne sich mit ihr vollständig zu identifizieren und ohne sie zu denunzieren. Es war die ganz besondere Mischung aus Intensität und Distanz, die es dem Zuschauer ermöglichte, sich als am Geschehen unmittelbar Beteiligter zu empfinden.
Ruth Drexel und Hans Brenner avancierten zu *den* Kroetz-Darstellern – sowohl für das Publikum als auch für den Autor selbst. *Herzliche Grüße aus Grado* wurde 1972 als Fernsehspiel gesendet, bevor es 1976 am Düsseldorfer Schauspielhaus uraufgeführt wurde. Mit ihrem *Heimarbeit*-Gastspiel in Kassel während der Documenta feierten sie große Erfolge. Die setzten sich zwei Jahre später mit *Mensch Meier* fort. Gleich vier Uraufführungen des Stückes – der Autor hatte die Rechte an vier Bühnen vergeben – fanden 1978 statt, die wichtigste in Darmstadt. In der Inszenierung von Rolf Stahl brillierte das bewährte Duo Drexel-Brenner. Daneben wurde *Mensch Meier* in Dortmund, Kaiserslautern und Tübingen gespielt. Trotz der großen Resonanz reklamierten Ruth Drexel und Hans Brenner nicht für sich, Kroetz als Dramatiker etabliert zu haben. Heinar Kipphardt sei der eigentliche Entdecker gewesen, betonte Ruth Drexel immer wieder, denn er habe an den unbequemen Autor geglaubt und als Chefdramaturg in München die beiden Einakter *Hartnäckig* und *Heimarbeit* ins Programm aufgenommen.
In den 1970er Jahren beschränkten sich die Erneuerungen und Experimente nicht auf das Theater, sondern fanden auch im Alltag statt. Die Aufhebung der Trennung von Kunst und Leben war eine der Grundforderungen kritischer Künstler aus allen Bereichen. Und so taten sich Ruth Drexel und Hans

Brenner mit gleichgesinnten Theaterleuten zusammen und gründeten eine Kommune. Katharina Brenner, Hans Brenners älteste Tochter, erinnert sich: »Ich weiß gar nicht mehr, was der Auslöser war, eine Kommune zu schaffen, in der man zusammen Stücke erarbeitet. Vielleicht war es die Arbeit an der Schaubühne, der *Viet Nam Diskurs*, der meinen Vater und Ruth aufgerüttelt und veranlasst hatte, sich immer mehr vom bildungsbürgerlichen Theater zu trennen und zu sagen: Wir wollen uns auf eine andere Publikumsschicht einstellen – die Zeit ist eine andere. Eigentlich müssen wir für die Leute, die gemeinhin nicht ins Theater gehen, spielen. Die müssen wir holen, die müssen wir ins Theater kriegen. Ja, und die Bekanntschaft mit den Dramatikern Kroetz und Sperr trug natürlich auch dazu bei. Sie haben dann in Feldkirchen bei München eine Kommune gegründet und im Keller Stücke probiert und Szenen einstudiert, mit denen sie auf Tournee gingen.« Zu den Stücken, mit denen sie durchs Land reisten, gehörten die Szenen und Sketche von Karl Valentin und Liesl Karlstadt. Nicht nur in Süddeutschland und Österreich goutierte man den skurrilen Humor der bayerischen Querdenker, auch das norddeutsche Publikum zeigte Interesse am *Firmling* und anderen Valentinaden, bei denen Ruth Drexel und Hans Brenner nicht das Original nachahmten, sondern eine eigene Interpretation zeigten. »Nebenbei haben sie noch an den großen Häusern gespielt. Das ist alles wahnsinnig, wenn man es sich aus heutiger Sicht vorstellt. Das muss man erst mal bringen«, meint Katharina Brenner voller Bewunderung. »Es waren Schauspieler, die an den besten Häusern gespielt und mit den führenden Regisseuren gearbeitet haben. Aber das war ihnen nicht wichtig. Sie haben eine Off-Gruppe gegründet – ohne irgendwelche Sicherheiten.«

Ruth Drexel als Martha in *Mensch Meier* von Franz Xaver Kroetz, Regie: Rolf Stahl, Deutsche Erstaufführung Düsseldorfer Schauspielhaus 1978

Katharina Adami erinnert sich: »Es wurde immer wahnsinnig viel darüber diskutiert, wie man es macht, wie es richtig ist, was die Story ist – so würde ich das heute nennen. Das musste klar sein. Es wurde überhaupt nicht danach geheischt, irgendjemandem zu gefallen. Das war nie ein Kriterium. Anfang der 1970er Jahre, ich glaube, ich war 16, sind sie mit so einem Programm durch die Republik gezogen. Ich hab es mir an der Berliner Volksbühne angeguckt – das ist ja ein riesiges Haus, eine riesige Bühne. Und da war die ganze Mannschaft: der Hansi, die Mama, die Moni Bleibtreu und die Ursi Strätz. Alle waren dabei. Sie haben *Das miese Couplet* zum Besten gegeben, also etwas für fortgeschrittene Valentin-Fans. Das Publikum war wie versteinert. Als die Moni etwas gesagt hat, habe ich neben mir im Publikum die Bemerkung gehört: ›Die können ja nicht mal Bayerisch!‹ Es war der absolute Reinfall. Grauenvoll und großartig. Aber das hat sie nicht weiter tangiert. Und ich hab mich köstlich amüsiert. Ich hab sehr gelacht.«

Ruth Drexel und Hans Brenner wollten etwas Neues ausprobieren – in der Arbeit wie im Zusammenleben. Die engen Beziehungs- und Familienstrukturen sollten aufgehoben werden. »Familie sollte nicht länger so eine Besitzkiste sein, um die man einen Zaun macht – nein, Familie sollte etwas sein, wovon alle profitieren konnten. Es gab viele Bezugspartner und es gab viele Kinder«, berichtet Katharina Brenner, die eins davon war. Das Haus in Feldkirchen, in das die Gruppe um Ruth Drexel und Hans Brenner einzog, war die berühmt-berüchtigte Vetter-Villa in der Ottostraße. Dort hatten Rainer Werner Fassbinder und sein Clan gelebt und gearbeitet: Ingrid Caven, Kurt Raab, Peer Raben, Harry Baer, Günther Kaufmann, Ursula Strätz und einige andere, manche nur spo-

Ruth Drexel (Mitte) und Hans Brenner (links) im *Viet Nam Diskurs* von Peter Weiss, Regie: Peter Stein und Wolfgang Schwiedrzik, Schaubühne am Halleschen Ufer Berlin 1969

radisch. »Ich wollte nie in die Kommune-Villa in Feldkirchen bei München ziehen. Lieber bin ich dort ein- und ausgeflogen wie ein Vogel aus einem Käfig mit offener Tür«, hat Hanna Schygulla 2013 in einem Interview erklärt. Sie sei nach Drehschluss lieber auf Abstand gegangen. Eine Reihe ausdrucksstarker Fotos – Rainer Werner Fassbinder und Hanna Schygulla am Küchentisch sowie mit einigen anderen vor dem Haus – lassen die Aura dieses Ortes, in der Fassbinders Filme entstanden, spürbar werden.
Als der Schauspieler Werner Asam in Feldkirchen einzog – Mitte der 1970er Jahre –, waren die wilden Zeiten der Kommune schon Vergangenheit und Legende, wie er betont. Alles drehte sich um Ruth Drexel und Hans Brenner. »Das waren die beiden großen Leittiere, die Alphatiere. Die Beziehung zwischen Ruth und Hans prägte die ganze Kommune. Und der ständige und auch ermüdende Kampf für die Ruth, den Hans in irgendeiner Form zu disziplinieren. Er brauchte immer Publikum, er brauchte ein Forum, speziell morgens um vier oder um fünf – da am allermeisten. Sie hat es aber irgendwie dann doch geschafft.« Wann Ruth Drexel und Hans Brenner in Feldkirchen einzogen, lässt sich nicht mehr genau datieren. Am Anfang war auch Monica Bleibtreu mit dabei, mit der Hans Brenner eine Liebesbeziehung hatte. 1971 wurde ihr gemeinsamer Sohn Moritz geboren. Monica Bleibtreu verließ die Kommune, als ihr Sohn ein Jahr alt war, und ging mit ihm nach Hamburg. »Der Hansl war halt ein sehr jovialer und geselliger Mensch, die Frauenwelt mochte ihn«, erklärt Werner Asam, »aber die Ruth war ein Fels in der Brandung. An der zerschellte so manches weibliche Wollen. Die Ruth war schon die Frau Häuptling, das absolute Alphatier. Und wir alle haben letztlich auch von ihr profitiert. Sie

hat das Regiment sehr geschickt und gut geführt, aber es war ein Regiment.«

Werner Asam blieb in Feldkirchen, bis sich die Kommune auflöste: 1976, ein Jahr nach der Geburt von Cilli, der gemeinsamen Tochter von Ruth Drexel und Hans Brenner. Sie habe sich sehr gefreut, als sie eine kleine Schwester bekam, erzählt Katharina Adami, die damals schon neunzehn Jahre alt war. »Natürlich waren wir eigentlich zwei Einzelkinder. Der Altersunterschied ist ja so groß, dass diese normalen Konflikte nicht wirksam wurden. Wir haben für kurze Zeit alle in Feldkirchen zusammengewohnt, dann bin ich ausgezogen, um mit meinem damaligen Freund zusammenzuleben, und meine Mutter und der Hans sind dann bald mit der kleinen Cilli nach Düsseldorf gegangen. Da habe ich sie ab und zu besucht und auf Cilli aufgepasst, wenn Not am Mann war. Und ich hab immer so wichtige Dinge wie Leberkäs und Weißwurstsenf mitgebracht.«

Was Katharina Adami bis heute beeindruckt, ist der Mut ihrer Mutter. »Aufbruch, Veränderung, neue Wege gehen – das war ganz wichtig. Die große Hoffnung natürlich auch, dass man mit Theater etwas bewirken kann, Veränderung befördern kann. Der Optimismus war sehr groß. Damals hatte man das Gefühl, man muss nur auf den Tisch hauen und sagen, so nicht, und dann kann man es auch anders machen – so hab ich das mitbekommen, so hab ich mich damals auch gefühlt.«

Kommunikationszentrum der Feldkirchner Kommune war die Küche, berichtet Werner Asam: »Ein Riesentisch, um den alle herumsaßen. Und dann gab es dort eine bekiffte Katze, die immer dann kam, wenn irgendwo ein Joint rumging, sonst war sie nie da. An diesem Tisch wurde über alles diskutiert, was man sich vorstellen kann, bis nachts um vier. Ja, und wenn ich so zurückschaue: Alles, was damals an Theaterstücken diskutiert wurde, die Konzepte, die man für dieses Stück und jenes Stück entwickelte, all das hat Ruth später als Intendantin am Volkstheater realisiert. Da sieht man mal, wie weit sich der Bogen spannt. Es war ihr wirklich ernst. Sie wusste, was sie wollte.«

Zu den Dingen, die Ruth Drexel unbedingt realisieren wollte, gehörte ein Film über die legendäre Betrügerin Adele Spitzeder, in dem sie die Hauptrolle spielte. Sie regte Martin Sperr dazu an, das Drehbuch zu schreiben – gemeinsam mit Peer Raben. Der Hauskomponist von Rainer Werner Fassbinder führte bei diesem Fernsehspiel erstmals Regie. Es entstand 1972; im selben Jahr erlitt Martin Sperr eine Gehirnblutung, nach der er lange im Koma lag und deren Folgen ihn bis zu seinem Tod im Jahr 2002 stark beeinträchtigten. Der Film orientiert sich an der historischen Figur Adele Spitzeder. Diese wurde 1832 in Berlin geboren und kam als junge Frau nach München, wo sie sich eine Zeit lang erfolglos als Schauspielerin durchschlug und 1869 ein eigenwilliges Geldgeschäftsmodell erfand: Sie gerierte sich als Bank und machte den Leuten das Geldanlegen schmackhaft, indem sie ihnen hohe Zinsen anbot. Mithilfe von Mundpropaganda hatte sie sofort großen Erfolg, die Menschen rannten ihr das Hotelzimmer ein, in dem sie ein Büro eingerichtet hatte. »Im Münchner Hofgarten saßen um diese Zeit die Menschen scharenweise mit ihren Geldsäcken auf den Bänken«, berichtet Adele Spitzeder in ihren 1878 publizierten Erinnerungen *Geschichte meines Lebens*. In ihren Memoiren bekennt sie freimütig, keine »merkantilen Kenntnisse« zu besitzen. Daher habe sie auch keine Handelsbücher geführt. Sie agierte von

DER DEUTSCHE FILM

PEER RABEN
ADELE SPITZEDER
6/1972

Zweitausendeins Edition

Anfang an so, als gehöre ihr das geliehene Geld, und führte ein luxuriöses Leben. Sowohl die Sammlung ihrer wertvollen Schmuckstücke als auch die Anzahl ihrer Immobilien vergrößerte sich beständig. Doch allmählich wuchs auch das allgemeine Misstrauen. Als 1872 eine große Zahl von Anlegern ihr Geld zurückforderte, war es vorbei mit der »Dachauer Bank«, wie ihr Institut von der Bevölkerung genannt wurde. Adele Spitzeder wurde verhaftet, der Überschuldung und des betrügerischen Bankrotts angeklagt und zu drei Jahren Gefängnis verurteilt.

»In *Adele Spitzeder* hab ich einen Auftritt«, freut sich Katharina Adami. »Aber ich weiß nicht, ob sie mich nicht vielleicht rausgeschnitten haben. Jedenfalls haben sie mich aufgebrezelt. Adele ist ja eine Lesbe, und von ihr wurde ich lüstern beäugt. Das war meine Rolle. Wunderbar. Es gibt in diesem Film großartige Szenen, wie den Kuss im Sonnenuntergang von meiner Mutter und Moni Bleibtreu, die ihre Geliebte spielte.« Eine ebenso pikante wie bizarre Szene, betrachtet man die damalige Konstellation der Feldkirchner Kommune: Beide Frauen hatten eine Liebesbeziehung mit Hans Brenner. Ein Jahr zuvor war Moritz, der gemeinsame Sohn von Hans Brenner und Monica Bleibtreu, zur Welt gekommen.

1974 stand Ruth Drexel neben Therese Giehse, Hans Günther Halmer, Karl Obermayr, Michaela May und vielen anderen Münchner Schauspielern für die *Münchner Geschichten* vor der Kamera. Die aus neun Episoden bestehende Vorabendserie über »die kleinen Leute« aus der Münchner Vorstadt war der erste große Fernseherfolg des Regisseurs Helmut Dietl. Sie wurde innerhalb von zehn Jahren fünfmal wiederholt. Bis heute ist sie immer wieder im Bayerischen Fernsehen zu sehen. Doch für Ruth Drexel, die in den *Münchner Geschichten* eine Nebenrolle spielte, rückte das Fernsehen erst Mitte der 1980er Jahre in den Vordergrund – kurz bevor sie 1988 ihre Tätigkeit als Intendantin des Münchner Volkstheaters begann.

In Franz Xaver Bogners Vorabendserie *Zur Freiheit*, die rasch Kultstatus erlangte, spielte sie die Hauptrolle, die Wirtin

Paula Weingartner, genannt »Weißwurst-Paula«. Die Serie umfasste mehr als 40 Folgen und wurde erstmalig am 1. März 1988 im Ersten Deutschen Fernsehen ausgestrahlt. Die Filmmusik stammte von Haindling, der Titelsong war Paula gewidmet:

»Paula, oh Paula, mir fang mer jedn Tag vo vorn o,
und des Oanzige, wos zählt auf dera Welt, is a Geld.
Paula, Paula, es is zwar traurig, aber es is woahr,
des Oanzige, wos wirklich zählt auf dera Welt für di, is Geld.«

Die Protagonistin der Serie betreibt im Münchner Schlachthofviertel einen kleinen, gut gehenden Kiosk neben der Großmarkthalle, wird von einem Konkurrenten zur Aufgabe gezwungen und pachtet, nachdem sie sich mithilfe ihrer Freunde gerächt hat, die heruntergekommene Schlachthofwirtschaft, der sie den Namen »Zur Freiheit« gibt. Dabei steht der energischen Witwe ihr alter Freund »Kometen-Sepp«, der beste Freund ihres verstorbenen Mannes, gespielt von Toni Berger, zur Seite. Unterstützt werden sie von den jungen Wilden des Viertels, »Solo« – Ernst Hannawald, »Radl-Anni« – Michaela May und »Paragraphen-Fritze« – Udo Wachtveitl. Während Paulas Tochter Gerti – Monika Baumgartner eigene Wege geht und die Hotelfachschule besucht, bleibt ihr Sohn Hanse – Robert Giggenbach ständiges Sorgenkind. Er gibt vor, Theaterwissenschaft zu studieren, seine Leidenschaft gilt allerdings dem Glücksspiel. Dabei bleibt ihm der Erfolg versagt – ohne die Hilfe seiner Mutter säße er längst im Gefängnis. Sie hat es sich zur Aufgabe gemacht, ihn zu fördern und zu beschützen. Ihre blinde Mutterliebe steht in krassem Gegensatz zu ihrer Menschenkenntnis und Raffinesse. Diese wendet sie vor allem in geschäftlicher Hinsicht an: Ihr Ziel ist es, möglichst viel Geld zu verdienen.

Ottfried Fischer, Ruth Drexels späterer Filmsohn, wirkt in der Serie *Zur Freiheit* bereits mit, hier als Sohn Felix des Schlachthofchefs Alfred Summerer. Nach dem Tod seines Vaters taucht er plötzlich im Viertel auf und wird von den anderen misstrauisch beäugt, allen voran »Metzger-Seppe« – Hans Schuler. Dieser ist der Lieferant der erstklassigen Weißwürste, mit denen zuerst Paulas Kiosk und später ihre Gastwirtschaft berühmt geworden ist. Die beiden führen harte Preisverhandlungen, aus denen Paula immer als Siegerin hervorgeht. Hans Schuler hatte schon 1985 bei einer Folge von Franz Xaver Bogners *Irgendwie und Sowieso* mit Ruth Drexel vor der Kamera gestanden, aber erst bei den Dreharbeiten zur Schlachthofserie lernten sie sich näher kennen und schätzen. »Wir haben 44 Folgen lang – eineinviertel Jahre haben die Dreharbeiten gedauert – sehr viel miteinander zu tun gehabt, und da haben wir uns richtig kennengelernt«, berichtet Hans Schuler. Er habe die Zusammenarbeit mit Ruth Drexel immer als sehr angenehm empfunden. »Es mag sein, dass das auch auf einer Basis beiderseitiger Sympathie beruht hat, es gab gewissermaßen eine mentale Verwandtschaft. Nicht in allem, aber in vielem. Zum Beispiel in der Fähigkeit, sich und die eigenen Schwächen zu kennen und über sich lachen zu können. Über die eigenen Fehler. Bei uns hat manchmal ein Blick genügt, dann haben wir zu lachen begonnen. Jeder von uns beiden hat gewusst, warum. Der Rest nicht.«

Hans Schuler war live dabei, als Ruth Drexel erfuhr, dass sie das Münchner Volkstheater übernehmen solle. »1987, während wir gerade *Zur Freiheit* drehten, erhielt sie die Nachricht vom Münchner Kulturreferat oder vom Stadtrat, dass sie die neue Intendantin vom Volkstheater wird – ab 1988. Großes Freudengeschrei in der Maske – ich weiß es noch wie heut – ›Jetzt geht's da richtig los. Ihr spielt dann alle bei mir‹, hat sie gerufen. Und so war es dann auch.«

5
Die Mama

»Sie war am allerwenigsten Resi Berghammer.«

Resi Berghammer behauptet überall ihren Platz – auch in diesem Buch. Man kommt einfach nicht an ihr vorbei. Wenn der Name »Ruth Drexel« fällt, dauert es nicht lange, bis »die Mama des Bullen von Tölz« erwähnt wird. Es war ihre Paraderolle, ob sie es wollte oder nicht. Ruth Drexel, die Mutter zweier Töchter, wurde von einem Millionenpublikum geliebt als Mutter eines Sohnes, der von Ottfried Fischer gespielt wurde. Am 14. Januar 1996 war sie in dieser Rolle zum ersten Mal im Fernsehen zu sehen. Ursprünglich als Nebenfigur geplant, wurde Resi Berghammer zunehmend wichtiger für das kriminelle Geschehen in der oberbayerischen Kleinstadt, in der ihr Sohn Benno bei der Kriminalpolizei tätig war. So sehr man sich an dem wohlbeleibten Kommissar erfreute, so sehr wartete man jedes Mal auf den Auftritt seiner Mutter – zu Hause, wenn sie mit einem guten Essen und ebensolchen Ratschlägen etwa bei der Suche nach einer geeigneten Ehefrau aufwartete, oder unterwegs, wenn er sie bei seinen Ermittlungen an Orten traf, wo er sie nie vermutet hätte. Auch dort – bei den Behörden, in der Kirche, in fragwürdigen Etablissements oder in der psychiatrischen Klinik – bot sie ihm zu seinem Leidwesen Hilfe und Unterstützung an. Erstmalig kam ein Massenpublikum in den Genuss der

Am Schauplatz der Kultserie *Der Bulle von Tölz*: Ruth Drexel – »die Mama« Resi Berghammer und ihr Filmsohn Ottfried Fischer – Kommissar Benno Berghammer

Schauspielkunst Ruth Drexels, die ihre Figuren so lebensecht gestaltete, dass sie mit diesen gleichgesetzt wurde. Für einen großen Teil der Fernsehzuschauer war Ruth Drexel identisch mit Resi Berghammer, »der Mama«.

»Ich fand es so lustig, wie man meine Mutter wahrnahm, so als ›Mutterl‹, mokiert sich Katharina Adami. »Sie war ja ganz anders gestrickt, aber sie konnte natürlich das ›Mutterl‹, weil sie eine große Schauspielerin war.« Das bestätigt Ottfried Fischer, der ihr in seinem Buch *Das Leben ein Skandal: Geschichten aus meiner Zeit* ein eigenes Kapitel gewidmet hat. Darin staunt er, dass Ruth Drexel, die im Leben nur wenig mit Resi Berghammer gemein hatte, »als Darstellerin der Mutter des ›Bullen von Tölz‹ selbst in der Überzeichnung der Figur ein wunderbar exaktes Gestalten der Rolle sowie ein punktgenaues Landen auf Pointe und Darstellung erreichte«. Für ihn sei es immer wieder faszinierend gewesen, »wie diese große Schauspielerin, die Drexel, diese auch im Leben bisweilen durchaus rigorose Figur, mit einer bezaubernden Zartheit, notfalls selbst bei lauten Tönen, ihrer Figur Leben und Liebe einhauchte und dadurch dem Publikum förmlich unter die Haut ging. So wurde sie in der Bullengemeinde zum glaubwürdigen Familienmitglied, wobei ich mich nur dranhängen musste und schon war ich dabei, was die vox populi bestätigte: ›Schauspielerei ist des nimmer, bei uns dahoam geht's genauso zu wia bei euch zwoa.‹«

Dass die beiden Darsteller hervorragend miteinander auskamen, war offensichtlich. »Ich denke, dass sie einen großen Teil ihrer Texte selber gemacht haben«, vermutet Susanne Schulz, Ruth Drexels langjährige Sekretärin. »Sie haben sich die Bälle zugeworfen, das hat wunderbar funktioniert. Sie hatten einen solchen Wortwitz untereinander.« Ottfried Fischer berichtet, dass sie manchmal vor laufender Kamera noch improvisiert hätten. »Ein hochdeutsches Textbuch hat man ins Bayerische übertragen müssen. Die Handlung musste weitertransportiert werden. Und man musste darauf achten, dass aus der überhöhten Darstellung keine Karikatur wird, dass die Figur lebensecht bleibt. Lebensnah und glaubwürdig.« Er habe schnell gelernt, welche Gags man ihr spontan zumuten konnte. »Besonders vom Dialekt geprägte lustige Wendungen aus der reichhaltigen Fülle anderer Idiome hatten es ihr angetan (›Benno, du brauchst einen neuen Anzug, der da, der ranzlt scho.‹). Ihren Humor hatte sie zu einem großen Teil aus der Kindheit herübergerettet, was oft dazu führte, dass ›Lachwurzn‹ Ruth die Dreharbeiten bis zu einer halben Stunde verlachte, verursacht durch einen harmlosen Kinderwitz.«

Susanne Schulz erinnert daran, dass Ruth Drexel längst Intendantin des Münchner Volkstheaters war, »als die Sache anfing mit dem *Bullen von Tölz*. Eines Tages kam die Anfrage – es sollte nur ein Pilotfilm gedreht werden –, ob sie die Mama vom Otti Fischer spielen würde. Sie kannte ihn ja und hat sofort zugesagt. Dass sich ihr Part dann derartig auswachsen würde, hatte niemand wissen können. Am Schluss hab ich ihr gesagt, die Serie müsste eigentlich heißen ›Die Mama vom Bullen‹. Ihre Rolle wurde immer größer und immer größer. Das hat natürlich wahnsinnig viel Zeit gekostet. Insofern war es natürlich schon eine Belastung, parallel zu ihrem Intendantenjob, Regie führen und Spielen. Aber das hatte ja wirklich niemand ahnen können. Die Mama vom Bullen – das war ein Selbstläufer. Es wurde so viel, dass sie es alleine gar nicht hätte bewältigen können. Damals habe ich angefangen, sie mehr oder weniger zu managen. Ich musste als Sekretärin im Volkstheater sowieso immer vermitteln zwischen ihr und der

Produktionsfirma, und so hat sich das dann einfach ergeben, Schritt für Schritt. Ohne es zu planen, hab ich den Job gelernt, es kam einfach so.«

In der ersten der insgesamt 69 Folgen, die in der Zeit von 1996 bis 2009 ausgestrahlt wurden, werden bereits alle Themen angesprochen, die sich leitmotivisch durch die Serie ziehen, allen voran das enge Mutter-Sohn-Verhältnis von Hauptkommissar Benno Berghammer und seiner Mutter Resi, bei der er immer noch wohnt. Sie betreibt eine Pension in Bad Tölz und hat es sich zur Aufgabe gemacht, eine Frau für ihren Sohn zu finden. Gleich in dieser ersten Folge bekommt der Kommissar eine neue Mitarbeiterin zugewiesen: Sabrina Lorenz, gespielt von Katerina Jacob, stammt aus Berlin und ist von der bayerischen Lebens- und Umgangsart so manches Mal verblüfft – auch von einem Telefonat ihres neuen Kollegen, das sie für eine Kabbelei mit seiner Ehefrau hält. Doch auf ihre Nachfrage antwortet Benno: »Na, d' Mama.«

Gemeinsam tauchen Benno und Sabrina in den Tölzer Amigo-Sumpf ein: Zwei der Protagonisten der Affäre, die mit einem Mord in der Sauna beginnt, Prälat Hinter, gespielt von Michael Lerchenberg, und Landrat Wallner, verkörpert von Friedrich von Thun, wird man auch in den meisten anderen Folgen wieder treffen. Dazu gesellen sich noch der Baulöwe Toni Rambold – Gerd Anthoff und Staatssekretär von Gluck – Klaus Guth. Benno kämpft auf seine Weise gegen die Machenschaften der Lokalpolitiker, der Vertreter der Wirtschaft, der kirchlichen Würdenträger und manchmal gegen seine eigene Mutter.

In der Folge *Berg der Begierden* will Resi Berghammer ihre Koch- und Backkünste nicht länger auf den häuslichen

Bereich beschränken. Die Anerkennung im kleinen Kreis der Pensionsgäste reicht ihr nicht mehr. Sie möchte ihren beliebten Streuselkuchen in der Region bekannt machen. Aber wie realisieren mit begrenzten räumlichen Möglichkeiten? Als sie von einer Berghütte erfährt, deren Besitzer Insolvenz angemeldet hat und verkaufen muss, schnappt sie zu und überredet sogar Benno, für sie zu bürgen. Sie stellt arbeitslose Akademiker, die sie vor dem Arbeitsamt eingesammelt hat, als Hilfskräfte ein – zu einem Hungerlohn. Sogar der zehnjährigen Tochter einer ihrer Angestellten werden Aufgaben zugewiesen. Das Mädchen soll den Kuchen aufschneiden – in nicht zu große Stücke, versteht sich. Dabei hat Resi Berghammer keine Skrupel, schließlich sei es für ein Kind nicht gut, lange unbeaufsichtigt zu sein. Sie will ihr Ziel, viel Geld zu verdienen, mit allen Mitteln durchsetzen – zum Entsetzen ihres Sohnes, der sie der Charakterlosigkeit bezichtigt. Auch in *Tod am Hahnenkamm* übt das Geld eine große Anziehungskraft auf Resi Berghammer aus: Sie hat einen Urlaub für zwei Personen in Kitzbühel gewonnen und zwingt ihren Sohn, sie zu begleiten. Im Hotel schließt sie bereits am ersten Abend Bekanntschaft mit einem Hofrat, gespielt von Karl Merkatz, der ihr das Glücksspiel schmackhaft macht. Die anfänglichen Gewinne im Casino lassen sie in ein Spielfieber geraten. Aus Freude an der Glückssträhne wird schnell Geldgier. Ihrem Sohn erklärt sie, sie wolle gewinnen, um ihre Pension renovieren zu lassen. Doch eigentlich ist es die beginnende Spielsucht, die ihr Handeln bestimmt. Für Bennos Vernunftargumente hat sie nur Verachtung übrig, genau wie für seine Unfähigkeit, mit Miss Austria, die er in der Diskothek »Take Five« kennengelernt hat, anzubandeln. Statt sich weiter mit ihr ins Nachtleben von »Kitz« zu stürzen, geht er in sein Hotel. Die junge Frau wird noch in derselben Nacht ermordet. Resi Berghammer ist entsetzt über ihren Sohn, der es nicht für nötig gehalten hat, »die schönste Frau von Österreich« zu begleiten. »Wenn du mitgegangen wärst, würde sie noch leben«, wirft sie ihm vor. Auf seinen Einwand, dann wäre er vielleicht auch tot, reagiert sie mit Unverständnis: »Wer bringt denn dich um? Da kannst du lange warten.«

Auch das Theater und das Showbusiness werden Thema einiger Folgen der Serie. In *Tod auf Tournee* lässt Resi Berghammer kein gutes Haar am Schauspielerberuf, dessen Exhibitionismus und Schamlosigkeit sie empören. Anfangs überwiegt noch die Freude auf das Wiedersehen mit ihrer einstigen Pflegetochter Hanna Liebknecht, gespielt von Sissi Perlinger. Sie ist Schauspielerin und mit einem Tourneeunternehmen unterwegs, das im Tölzer Theater mit einer blutigen Kriminalkomödie gastiert. Resi Berghammer ist gespannt und skeptisch zugleich. Es ist viele Jahre her, dass sie Hanna zum letzten Mal getroffen hat. Als sie das spärliche Kostüm sieht, in dem ihre ehemalige Ziehtochter auftritt, sieht sie ihre Vorurteile gegen das leichtlebige Theatervolk bestätigt. Benno bemüht sich vor und während der Aufführung vergeblich, seine Mutter zu beruhigen. »Das wär kein Beruf für mich«, beteuert sie entrüstet, »sich nackert auf die Bühne stellen. Kannst du dir das vorstellen?« Als er nachfragt, was er sich vorstellen solle, bekräftigt sie noch einmal: »Dass ich mich nackert auf die Bühne stell'!« Diese Vorstellung macht Benno sprachlos.

In *Schöne heile Welt* wird Resi Berghammer unfreiwillig zum Groupie. Der aus Tölz stammende Sänger Tony Gordon, gespielt von Hanno Pöschl, gibt ein Konzert in seiner Heimatstadt. Resi Berghammer hat von einer Verwandten, die verhindert ist, eine Karte bekommen, zusammen mit dem Auftrag, ihr ein Autogramm des Künstlers zu besorgen. Als sie sich vor Gordons Auftritt in seine Garderobe stiehlt, wird sie niedergeschlagen und verliert das Bewusstsein. Kommissar Benno Berghammer findet bei seinem Einsatz nicht nur den ermordeten Schlagerstar, sondern auch seine bewusstlose Mutter vor. Diese erholt sich jedoch schnell und nimmt ihre Chance als einzige Zeugin des Verbrechens wahr: Dem Lokalreporter der *Tölzer Zeitung* gibt sie gegen ein hohes Honorar ein ausführliches Interview, in dem sie zu Bennos Entsetzen sogar Ermittlungsergebnisse verrät. Seinen Appell an ihre Moral wehrt sie eloquent ab. Wieder einmal muss sich der sonst so schlagfertige Kommissar Berghammer eingestehen, dass er in den Auseinandersetzungen mit seiner Mutter den Kürzeren zieht. Sie hat wie immer das letzte Wort.

In *Eine tödliche Affäre* steht Resi Berghammer als Miss Marple in Agatha Christies Theaterstück *Mord im Pfarrhaus* auf der Laienbühne. Bald identifiziert sie sich so stark mit der Rolle der Hobbydetektivin, dass sie sich zutraut, selbst den Mord an einem Eisdielenbesitzer aufzuklären – natürlich mithilfe des Schauspielerkollegen, der den »Mr. Stringer« spielt. Prälat Hinter, der Regie führt, lobt sie für ihr Engagement auf der Bühne, ohne zu ahnen, dass er sie damit ermutigt, ihre Ermittlungen in Sachen »Mafiamord« – dafür hält sie das Verbrechen – noch zu intensivieren. Wieder einmal zum Missfallen ihres Sohnes und seiner Kollegin Sabrina. Noch vor der Premiere ihres Stückes wird der Fall aufgeklärt, doch das Ergebnis ist so schockierend, dass die Hobbydetektivin ihren Eifer bereut.

Der Ausflug Resi Berghammers in die Welt Agatha Christies blieb nicht ohne Folgen für Ruth Drexel: Man erfand eine neue Serie für sie, in der sie die Titelrolle übernahm: *Agathe kann's nicht lassen*. Als »neue Miss Marple der ARD« wurde sie im Januar 2005 von der *Frankfurter Allgemeine Zeitung* bezeichnet, doch Ruth Drexel, die Margaret Rutherford in dieser Rolle sehr schätzte, wusste, dass sie die Figur anders als diese anlegen musste: »Sie ist ruheloser. Agathe Heiland ist wie ein Jäger, der von seiner Passion niemals ablassen kann«, verriet sie im Interview. Folglich wendet sie alle ihr zur Verfügung stehenden Mittel – darunter auch unlautere – an, um die Fälle zu lösen, bei denen sich Hauptkommissar Krefeld als unfähig erweist. Er wird gespielt von Maximilian Krückl, der auch die Drehbücher zur Serie verfasste. Unterstützt wird Agathe dabei von ihrem Freund Cornelius Stingermann, den Hans-Peter Korff verkörpert. Die erste Folge, *Mord im Kloster*, wurde am 27. Oktober 2005 ausgestrahlt. In den kommenden zwei Jahren folgten: *Alles oder nichts*, *Die Tote im Bootshaus*, *Mord mit Handicap* und *Das Mörderspiel*.

Zurück zum *Bullen von Tölz*: Die Folge *Mord im Irrenhaus*, ausgestrahlt im Mai 1998, vier Monate vor Hans Brenners Tod, beginnt mit Resi und Benno Berghammers nächtlicher Heimkehr von einem Theaterbesuch in München. Zu Hause angekommen stellt Resi fest, dass sie nicht für die Großstadt geschaffen ist. Auch Bennos Hinweis, München sei keine Großstadt, kann den folgenden Schlagabtausch über Gerüche nicht verhindern. Auslöser ist der deutlich spürbare Gegensatz zwischen der dortigen Luftverschmutzung und der guten frischen Luft daheim in Tölz, über den Resi sich gar nicht genug auslassen kann. Benno weiß sich nicht anders zu helfen, als das Parfum seiner Mutter zu kritisieren. Sie lässt sich nicht provozieren, sondern korrigiert ihn, es sei ein Eau de Toilette, und bemängelt, dass er »ranzelt«. Er führt sein

Schwitzen auf die Enge im stickigen Theater zurück. Und nun plagt ihn der Hunger, denn die im Theaterrestaurant angebotenen Kanapees waren viel zu klein. Weil sich Resi strikt weigert, um ein Uhr nachts noch für ihren Sohn zu kochen, bereitet er sich selbst eine große Portion Rührei und kann daraufhin nicht schlafen – ganz wie seine Mutter prophezeit hatte.

Die eigentliche Handlung des Films setzt erst am nächsten Tag ein, als Resi erfährt, dass ihr ehemaliger Verehrer Professor Roth, der weltberühmte Erfinder und Betreiber einer Tölzer Motorenfirma, in der psychiatrischen Klinik, in die er nach einem angeblichen Selbstmordversuch eingewiesen wurde, eine Mitpatientin ermordet hat. Obwohl alles gegen ihn spricht, ist sie sicher, dass er unschuldig ist. Um ihren Sohn davon zu überzeugen, will sie »den Professor«, der von Hans Brenner gespielt wird, in der Klinik aufsuchen und mit ihm reden. Im Wartezimmer kommt es zu einer Verwechslung, die dazu führt, dass Resi als Patientin eingestuft wird. Vergeblich versucht sie, den Irrtum aufzuklären, und entscheidet schließlich, die ungewollte Tarnung für ihre Zwecke einzusetzen. Als Insassin kann sie Tag und Nacht ihren Recherchen nachgehen und ihren alten Freund entlasten. In der anrührendsten Szene sitzen Resi Berghammer und der Professor einträchtig nebeneinander, wie durch ein unsichtbares Band miteinander verbunden, und verrichten konzentriert ihre jeweilige Tätigkeit: Um seine Firma und seinen guten Ruf zu retten, vernichtet Professor Roth Indizien, die ihn verdächtig machen könnten. Resi Berghammer lässt sich am Telefon Namen von Dateien durchgeben, die er auf seinem Laptop vorsorglich löscht. Auch der anschließende Dialog, in dem die beiden fast beiläufig auf ihre gemeinsame

Vergangenheit zu sprechen kommen, zeugt von großer Vertrautheit. Und Resi Berghammer gibt eine Seite von sich preis, die man nicht bei ihr vermutet hätte: Romantisch trauert sie einer alten Liebe nach.

Während Ruth Drexel bereit war, in ihrer Arbeit vor der Kamera oder auf der Bühne ein großes Spektrum ihrer Persönlichkeit einzusetzen, hielt sie sich in der Öffentlichkeit bedeckt, wenn es um sie als Privatperson ging. »Ihre Privatsphäre wollte sie unbedingt schützen«, erklärt die Regisseurin Barbara Herold. »Sie war nicht gerne ›Promi‹, hat sogar unter diesem Status gelitten. Sie war keine ›Rote-Teppich-Läuferin‹. Wenn sie auf Gastspielreise war und irgendjemand auf sie zukam und fragte: ›Resi‹, oder ›Mama, darf ich dich anfassen?‹, war sie entsetzt. Dass die Leute sie immer berühren wollten, auf der Straße oder auf der Rolltreppe, fand sie unerträglich. Sie ist auch nur in solche Lokale gegangen, in denen es einen geschützten Raum für sie gab. Sie wollte für ihre Arbeit wertgeschätzt werden, konnte aber auf Schmeicheleien gut verzichten. Und die Verwechslung ihrer Person mit der Rolle, wie sie durch den *Bullen von Tölz* passiert ist, hat sie gehasst. Je größer der Erfolg der Serie war, desto verschreckter wurde sie in der Öffentlichkeit und hat sich immer mehr zurückgezogen. Ich kenne Leute, die sich beklagt haben, weil sie so abweisend war. Sie konnte sehr verschlossen wirken, um sich zu schützen. Ich bin jetzt weit davon entfernt zu sagen, Ruth sei ein ängstlicher Mensch gewesen – das war sie gar nicht. Aber sie konnte sich bewusst abgrenzen, wenn es notwendig war.«

Das bestätigt Cilli Drexel: »Ihr öffentlicher Status hat meine Mutter am allerwenigsten interessiert. Es ging immer um die Arbeit und nie um die Wirkung von ihrer Person in der

Öffentlichkeit. Die war ihr unangenehm. Wenn die Fans kamen, dann fürchtete sie sich eher. Es schien dann manchmal, als wäre sie arrogant oder grantig oder sonst irgendwas. Das stimmte überhaupt nicht, sie war einfach nur zurückhaltend. Mein Vater hat das alles geliebt, mein Vater war der

Mann für die Öffentlichkeit. Der genoss die Fans, die Autogramme haben wollten. Er fand das alles wunderbar und war charmant und konnte jedem das geben, was er sehen wollte und was er von ihm wollte. Aber für meine Mutter war das der unangenehme Teil ihres Wirkens.«

Sogar das Autogrammegeben habe ihr widerstrebt, berichtet Susanne Schulz: »Da musste ich sie immer ein bisschen quälen und hab ihr einfach einen Stapel hingelegt und gesagt, die brauche ich jetzt. All die Begleiterscheinungen von Prominenz mochte sie nicht. Ich bin einmal mit ihr in Innsbruck gewesen, und als wir aus dem Bahnhof rausgingen, haben ein paar Jugendliche geschrien: ›Da ist ja die Mama aus dem *Bullen von Tölz*.‹ Da hat sie Panik gekriegt und wäre beinahe auf die befahrene Straße gelaufen, ich hab sie gerade noch am Mantel packen und festhalten können. Sie konnte es nicht ertragen, wenn ihr Fremde zu nahe kamen. Wenn man ihr buchstäblich auf den Pelz rückte, das mochte sie nicht. Sie gehörte nicht zu den Prominenten, die das Bad in der Menge genießen.«

»Dass sie mit der Figur, die sie spielt, gleichgesetzt wurde, hat sie echt böse gemacht«, erinnert sich Markus Völlenklee. »Ruth hatte ja mit der Figur der Resi Berghammer eine unheimlich große Öffentlichkeit erreicht und unter dieser Prominenz enorm gelitten. Mit ihr Zug zu fahren, war kein Vergnügen, weil sie dauernd angesprochen wurde. Sie war dann ungnädig. Ich kann das gut verstehen. Zum Glück gibt es diese Art von Distanzlosigkeit nicht gegenüber Theaterschauspielern. Es ist eine Frage des Mediums. Ins Theater gehen wenige, Fernsehen schauen alle. Das erzeugt eine völlig unreflektierte Haltung gegenüber den Figuren, die täglich im Wohnzimmer auftauchen. Im Theater entwickelt sich im

Laufe der Vorstellung ein anderes Verhältnis zu den Schauspielern, ein konkreteres Verhältnis zu ihrer Arbeit, die man unmittelbar wahrnimmt. Als Zuschauer fühlt man sich im besten Fall sogar daran beteiligt.« Ruth Drexel bestand darauf, kein Star zu sein, sondern Schauspielerin. Das Starprinzip, bei dem die »Personality« im Vordergrund steht, lehnte sie genauso ab wie die damit verbundenen »Events«. »Das war nicht Koketterie, sondern ihre Haltung«, bekräftigt Markus Völlenklee, »sie brauchte gar nichts zu sagen, ihr stahlblauer Blick und ihre schmale Lippenkontur sprachen Bände.«
Es waren nicht nur aufdringliche Fans, vor deren Vereinnahmung sich Ruth Drexel schützen musste, sondern ebensolche Medien, und das besonders in einem Moment der Schwäche, als sie Anfang 2007 in ihrer Fernseharbeit pausieren musste. Wegen Überarbeitung und Erschöpfung, lautete die erste Erklärung, doch bald tauchten Gerüchte über eine schwere Erkrankung auf. Cilli Drexel empört sich: »Wenn jemand krank ist und die Zeitungen davon Wind kriegen, dann hängen sie sich an einen dran, dann ist man wirklich ausgeliefert. Bei meiner Mutter zeigte sich die mediale Öffentlichkeit von ihrer schlimmsten Seite. Als es ihr gut ging, konnte sie immer noch sagen, das ist etwas, was ich machen will, und das ist etwas, was ich nicht machen will. Für mich war das extrem erschreckend, obwohl man ja weiß, dass es so funktioniert. Aber es ist dann noch anders, wenn man es selbst erlebt. Es war einfach brutal.«
Ruth Drexel zog sich völlig zurück und reagierte nicht auf Anfragen der Medien. Sie wollte nicht, dass ihre Krankheit bekannt wird. Um keinen Preis. Das erzeugte bei ihr selbst zwangsläufig einen großen Druck. Menschen, die ihr nahe standen, schien es, als würde sie sich verstecken. Sogar vor

ihnen. Sie reagierten verunsichert, fragten sich, warum sie im Ungewissen gelassen wurden. Wahrscheinlich wäre es ratsam gewesen, eine Presseerklärung herauszugeben, die kurz Thema in der Öffentlichkeit gewesen und schnell wieder verschwunden wäre. Die Ungewissheit bot viel eher Anlass zu Gerüchten, Neugier und Spekulationen. »Reporter standen am Gartentor und haben gelauert, manchmal den ganzen Tag lang. Sogar durchs Fenster versuchten sie, zu fotografieren oder zu filmen«, entrüstet sich Susanne Schulz. »Das hatte zur Folge, dass wir die Jalousien herunterließen. Einen wunderschönen Sommer haben wir zusammen in der dunklen Wohnküche verbracht. Wir haben, was teilweise sehr lustig war, gemeinsam gekocht. Sie kochte weder gern noch gut, eigentlich konnte sie überhaupt nicht kochen. Aber in dieser Zeit hat sie begonnen, irgendwelche Kochbücher zu wälzen, und dann saßen wir am Küchentisch und haben uns über die Zubereitung gestritten – vollkommene Lappalien, aber damit haben wir uns beschäftigt. Mit dem Einkaufszettel bin ich dann in den Supermarkt gefahren, und wehe, ich brachte das Falsche mit.«

Die Schauspielerin Sophie Wendt fragte sich, warum sie ausgeschlossen wurde. »Ich habe die Ruth noch einmal angerufen und sie gefragt, ob sie Hilfe braucht, aber sie hat Nein gesagt. Es hat mir wehgetan, dass man so außen vor bleiben musste. Wahrscheinlich ist es auch ein bisschen vermessen zu sagen, man hätte da gerne geholfen, man war halt nicht der richtige Mensch ... Dass man nichts wissen durfte, hat mich, ehrlich gesagt, gekränkt. Man durfte nichts wissen, und wenn man doch etwas wusste, konnte man es nicht sagen. Ich meine, man konnte sich auch nicht liebevoll mit anderen austauschen. Der Grund war die Befürchtung, man könnte mit

der Presse reden. Dieses Misstrauen fand ich schlimm. Aber es war nicht nur die Kränkung, ich hab mich auch gefragt, warum sie sich so viel aufbürdet, indem sie sich so abschottet und mit ihrem Schmerz so ganz allein bleibt.«
Diese Überlegungen stellte auch Christine Ostermayer an: »Normalerweise freut man sich doch, wenn man im Krankenhaus Besuch bekommt oder wenn jemand anruft. Viele Dinge werden leichter, wenn man sich darüber aussprechen kann, das wissen wir doch, und das wusste sie auch nur zu gut. Mit ihr konnte man sonst immer offen über alles reden. Daher war es so traurig, dass sie zumachte, als sie krank wurde. Ich war traurig, weil ich die Mauer nicht durchbrechen konnte. Wir hatten doch so viele Jahre nah zusammengearbeitet und viel Zeit miteinander verbracht. Ja, es hat mir wehgetan, dass wir – ihre Freunde, die sie ins Herz geschlossen hatten – so gar keinen Weg zu ihr fanden. Aber jeder muss so leben, wie er es verkraften kann. Es wird schon einen Grund haben.«
Katharina Brenner vermutet, dass Ruth Drexel sich vor der Reaktion der anderen Menschen schützen wollte. »Sie fürchtete den Blick, den die Leute ihr dann schenken würden. Wenn du krank bist und von deinen Freunden besucht wirst, schauen sie dich natürlich in einer bestimmten Weise an, weil du dich verändert hast. Und diesen Blick erträgst du nur zwei-, dreimal, dann willst du ihn nicht mehr sehen. Du willst dich selbst so nicht erleben und es daher auch nicht veröffentlichen.«
Nach der Folge *Krieg der Camper*, die im Frühjahr 2007 gesendet wurde, musste Benno Berghammer fünf Folgen lang ohne seine Mutter auskommen. Im Film erklärte man ihre Abwesenheit mit einem längeren Ferienaufenthalt auf Mal-

lorca. Am 4. Februar 2009 war Ruth Drexel zur großen Freude der Fernsehzuschauer – bei den Folgen, in denen sie gefehlt hatte, waren die Einschaltquoten spürbar gesunken – im *Abenteuer Mallorca* wieder zu sehen. Man hatte die Handlung von Bad Tölz auf die spanische Ferieninsel verlegt. Resi Berghammer hatte dort die »Bodega Resi« eröffnet, einen Imbiss, in dem sie bayerische Schmankerl verkaufte. Benno vermisste seine Mutter und konnte sich nicht vorstellen, dass sie sich in diesem Zentrum des Massentourismus wohlfühlte. Als sie dort entführt wurde, musste er eingreifen.

»Sie war schwerkrank, als sie diese Folge gedreht hat«, berichtet Susanne Schulz. »Da habe ich wirklich gekämpft und vertraglich festgelegt, dass sie vormittags bis spätestens 11.00 Uhr und nachmittags frühestens ab 17.00 Uhr dreht, damit sie die heiße Phase des Tages im gekühlten Hotel verbringen kann. Ich habe mich gefragt, ob sie das durchsteht. Ich wusste, es wird hart. Und dann kam sie zurück und war begeistert und voller Leben. Das war schön. Nach zwei Jahren – man kann fast sagen – Gefängnis hatte sie wieder Zirkusluft geschnuppert. Die Arbeit war überschaubar, da konnte sie all ihre Kräfte noch einmal abrufen. Sie war eben ein Profi. Aber es blieb die letzte Arbeit, anschließend konnte sie nicht mehr.«

Genau einen Monat nach der Ausstrahlung der letzten Folge des *Bullen von Tölz*, am Mittwoch, dem 4. März 2009, hieß es in der Münchner *Abendzeitung*: »Ruth Drexel ist tot. Die Volksschauspielerin starb am 26. Februar und wurde am Montag in ihrem Wohnort Feldkirchen bei München beerdigt – in ganz kleinem Kreis. ›Ruth wünschte sich eine Beerdigung im engsten Familienkreis‹, steht auf den Trauerkarten, verschickt von den Töchtern Cilli und Katharina. Freunde und Bekannte bekamen die Nachricht erst gestern. Gestorben

ist Ruth Drexel schon vergangenen Donnerstag, selbst langjährige Kollegen und Freunde erfuhren nichts.«
»Als die Ruth gestorben war, ist mir sehr bewusst geworden, dass es keine Gelegenheit gab, sich zu verabschieden«, erklärt Barbara Herold. »Ich wusste, dass sie krank war, aber ich wusste auch, dass sie nicht wollte, dass man wusste, dass sie krank war. Das hatte man, wenn man die Ruth kannte, zu respektieren. Auch dass die Beerdigung in einem ganz kleinen Kreis stattfand. Ich wusste, es hätte gar nicht anders sein können. Sie wollte eben nicht, dass Bürgermeister oder Fernsehproduzenten Laudationen halten, aber trotzdem … Das ist alles irrsinnig logisch, und trotzdem habe ich gemerkt, dass es für die, die sie näher kannten, schwierig war. Nachdem ich es in der Zeitung gelesen hatte, habe ich Christine Ostermayer angerufen, um mich einfach mit jemandem darüber auszutauschen. Ruth war ja doch für eine bestimmte Zeit in meinem Leben sehr wichtig für mich, einfach als große Regisseurin, als Schauspielerin und eben als Mensch, den ich gut kannte und sehr mochte. Mir ist danach die Bedeutung von Beerdigungen oder Trauerfeierlichkeiten bewusst geworden. Ich hab plötzlich ihren Sinn verstanden.«

Katharina Brenner führte viele Gespräche mit Ruth Drexels Töchtern. »Sie haben gesagt, wenn die Mama das nicht will, dann erfährt es niemand, nur der engste Familienkreis. Man hat irgendwie nicht anders können, als das zu respektieren. Das hat auch damit zu tun, dass für Ruth ein gewisser Abstand zu anderen immer sehr wichtig war. Andererseits hat doch jeder Mensch ein Recht, sich von einem Menschen, den er geliebt hat, zu verabschieden, auch wenn das letztlich Egoismus ist.«

Hans Schuler war nicht überrascht, dass sich Ruth Drexel während ihrer Krankheit völlig zurückzog. Es sei ihr Wunsch gewesen, er habe ihn akzeptiert, respektiert und damit kein Problem gehabt, denn er wusste, dass es neben ihrer kommunikativen Seite eine ganz andere gab. »Das war genau diese Linie, die sie zog und sagte: ›Das gehört jetzt mir.‹ Es war ihre Entscheidung. Sie wollte kein Trara«, ergänzt Lorenz Gutmann. »Es war ihr letzter Triumph, dass sie das geschafft hat«, meint Markus Völlenklee anerkennend, »ein Ende ohne *Bildzeitung* und Pathos. Sie mochte das Gemenschel nicht, weder im Leben noch am Theater. Das hat sie genauso abgelehnt wie Pathetisierungen.« Beeindruckt von der »größtmöglichen Stille«, mit der sie sich von der Welt verabschiedet hat, ist auch Gregor Bloéb. »Das ist ganz ganz groß. Dass sie sich ganz zurückgezogen hat und dass die Öffentlichkeit erst Tage später erfahren hat, dass sie gestorben ist. Da war schon alles erledigt, auch das Begräbnis. Danke, das war es. Es gibt Momente im Leben, die muss man einfach für sich selber durchziehen. Da kann man nur so handeln, wie man handeln muss. Das ist letztendlich auch wirklich Größe. Die hatte sie ja auch in ihrer Arbeit als Schauspielerin und Regisseurin und Intendantin. Sie hat das Theater wirklich verstanden und gerade wegen der Vergänglichkeit geliebt. Nicht so wie beim Film, wo alles konserviert wird und irgendwelche Menschen das dann hundert Jahre später noch anschauen können. Das Einzigartige am Theater ist halt nur der Moment: ein Abend, den die Schauspieler und das Publikum gemeinsam erleben. So, und damit ist es erledigt. Eigentlich absurd. Aber das ist das Tolle.«

Ruth Drexel starb am 26. Februar 2009 und ist auf dem Friedhof ihres letzten Wohnorts Feldkirchen bei München begraben.

6
Mutter

»Ihr war nichts wurscht – das hat aus Kindersicht etwas Beruhigendes.«

Mit »der Mama« aus der Serie *Der Bulle von Tölz* soll Ruth Drexel wenig gemein gehabt haben, wie ich von allen Seiten hörte. Und wie war sie im realen Leben als Mutter? Ich fragte ihre beiden Töchter und die älteste Tochter ihres Lebensgefährten Hans Brenner. Katharina Adami traf ich in München. Zunächst wollte ich wissen, ob sie sich noch an die Zeit erinnern könne, als ihre Mutter nach Berlin ging, um dort zu arbeiten.

»Nein, da war ich noch zu klein. Ein paar Bilder sind in meinem Kopf und die Geschichten meiner Mutter. Sie hat mir erzählt, dass ich bei irgendwelchen Beleuchtungsproben dabei sein und sagen durfte, ob es heller oder dunkler werden sollte. Ich denke, dass man so bei seinem Kind einen gewissen Größenwahn fördert *(lacht)*: Heller, heller!«

Hat Ihre Mutter mit Ihnen viel über ihren Beruf gesprochen?

»Bei uns zu Hause wurde sehr sehr viel über Theater gesprochen. Es wurde überhaupt viel gesprochen, es wurde viel gesungen, das jeweilige Stück war ständig Thema. Daraus wurden immer Versatzstücke ins tägliche Leben eingebaut, sodass alle, die unter dem gleichen Dach wohnten, das Stück auswendig hersagen konnten. Schauspieler ist ja ein altmodisch-ständischer Beruf. Es gibt viele Schauspielerfamilien, in denen das weitergetragen wird. Auch in meiner Familie gibt es Beispiele zuhauf. Wenn ich Familie sage, meine ich das Patchwork. Also, die ›kleine Kathi‹ – das ist Familie. Sie ist auch Schauspielerin. Es wird in dieser Community wahnsinnig früh und stark an die Kinder herangetragen: Wann trittst du auf die Bretter, die die Welt bedeuten? Wahrscheinlich ist es bei Ärzten auch so. Deren Kinder werden dann ja auch oft Arzt. Oder bei Anwälten.«

Sie haben einen anderen Weg gewählt.

»Was mir wahnsinnig auf den Senkel gegangen ist – bei den Proben im Theater und am Set beim Film: dass immer alles so lange dauert. Das ist ja grauenvoll. Als Billy Wilder den Oscar für sein Lebenswerk bekommen hat, hat er gesagt: ›Ich weiß gar nicht, wofür ich einen Oscar kriege, ich hab doch nur zehn Minuten in meinem Leben gearbeitet, den Rest hab ich gewartet.‹ Also, ich glaube, es war vor allem das Warten, das mich gestört hat. Das fand ich nicht so attraktiv. Und dass alles immer so wichtig war. Das ist allerdings beim Fernsehen genauso. Da ist auch immer alles furchtbar wichtig. Sie sehen, in der Beziehung bin ich keinen neuen Weg gegangen. Aber beim Theater haben sie es schon besonders wichtig, und das ist anstrengend.«

Es war einfach nicht Ihre Welt?

»Es war insofern meine Welt, weil ich ja davon umgeben war. Ich glaube, das ist mit den Künstlern immer so, dass alles so überbordet. Im Vergleich zu anderen war meine Familie ja noch zurückhaltend. Aber natürlich war es immer ein Trara bis zur Premiere – da ist ja auch ganz viel Adrenalin mit dabei. Selbstverständlich war ich davon beeinflusst. Bei einer Produktion im Marstall habe ich auch mitgemacht. Da war ich Anfang zwanzig und habe schon studiert. Rolf Stahl hat *Frankenstein – Aus dem Leben der Angestellten*, ein vollkommen wahnsinniges Stück von Wolfgang Deichsel, inszeniert. Die Besetzung war großartig: Meine Mutter, der Hansi, Karl Obermayr und andere wunderbare Schauspieler haben bei diesem Comic, einer endlosen Szenenfolge, mitgemacht. Es war eine phantastische Geschichte über Angestellte, die durchdrehen in banalen Alltagssituationen. Das Stück war sehr erfolgreich und lief lange. Aber trotzdem hab ich nie im Traum daran gedacht, zum Theater zu gehen.«

Wie würden Sie Ihre Mutter charakterisieren?

»Sie war sehr kämpferisch, stark, analytisch, intelligent. Sehr intelligent. Ich glaube, meine Mutter war eine Intelligenzbestie. Und sie hatte einen grässlichen Humor.«

Wieso grässlich?

»Das ist ganz wichtig. Nichts Süßliches. Bei ihr musste alles dreidimensional sein. Was nur schön und gut und böse und schlecht war, das war langweilig. Sie wollte mehr. Sich mit ihr anzulegen war ein Wagnis. Es wurde immer diskutiert, also nicht autoritär, sondern es waren Argumente gefragt. Als ich zehn war, war das Aufräumen meines Zimmers ein großer Streitpunkt. Es war klar, ich musste einmal aufräumen. Ja, und im Zug dieser Aktion habe ich die Kinderbücher verschenkt, die mich nicht mehr interessiert haben. Ich hab also wirklich aufgeräumt. Bis zum Schluss hat mir meine Mutter erzählt, wie grauenvoll das für sie war. Es handelte sich nämlich um ganz tolle Bücher, für die sie damals in Ostberlin von Buchhandlung zu Buchhandlung gelaufen war. Ganz phantastische Bücher. Sie hatte große Anstrengungen unternommen, um gerade diese besonderen Ausgaben zu finden. Aber was sollte sie machen? Sie konnte ja nix sagen. Ich hatte nur das getan, was sie wollte: Es war mein Zimmer, und ich hatte aufgeräumt. Da habe ich auch keinen Druck gekriegt, sie ist nur leidend zusammengebrochen, weil die Bücher weg waren. Ich war ja ganz lange in unserer gemeinsamen Beziehung Kind, mit allem, was dazugehört, also die ganze pubertäre Nummer. Aber als Erwachsene hatte ich nie das Gefühl, das ist eine ältere Dame, die hat von ganz vielen Dingen keinen blassen Schimmer. Im Gegenteil: Man konnte mit ihr über alles reden. Und sie wusste immer, wovon man redete.«

Was fehlt Ihnen heute am meisten?

»Das Gelächter. Das gemeinsame Gelächter.«

Schauen Sie sich im Fernsehen ihre Filme an?

»Die Filme mit dem Hansi kann ich mir mittlerweile wieder anschauen. Bei meiner Mutter muss ich meistens wegschalten. Aber ist es nicht auch unnatürlich, dass die Verstorbenen so gut ausgeleuchtet und so plastisch vor einem rumhupfen? Ich weiß es nicht. Vielleicht braucht es einfach noch Zeit.

Mich haut vor allen Dingen die Stimme raus. Es ist ja auch ein Phänomen, dass sie wirklich bis zum Schluss dieselbe Stimme gehabt hat, ihre junge Stimme.«

Cilli Drexel traf ich in Hamburg, wo sie zusammen mit ihrem Lebensgefährten und ihrer kleinen Tochter lebt. Sie hatte gerade eine Regiearbeit beendet: die Uraufführung von Ferdinand Schmalz' Theaterstück *am beispiel der butter* am Schauspiel Leipzig. Auf meine Frage, in welchem Verhältnis Ruth Drexel als reale Mutter im Leben zur Mama des »Bullen von Tölz« im Fernsehen stand, antwortete sie:

»Eigentlich will ich überhaupt nichts erzählen, weil für mich die Mama immer die Mama ist. Ich bin ja die Kleinste und habe lange bei meinen Eltern und dann, nach dem plötzlichen Tod meines Vaters, mit meiner Mutter zusammengewohnt. Natürlich kenne ich ihre Arbeit, bewundere sie und sehe, welchen Status sie in der Öffentlichkeit hatte, aber dieser öffentliche Status hat mich an meiner Mutter immer am allerwenigsten interessiert. Genauso wenig wie sie selbst. Sie war da eher schüchtern.«

Man ist überrascht, wenn man hört, Ruth Drexel sei schüchtern gewesen.

»Das war nur eine Seite von ihr. Sie war auch eine sehr streitbare Frau. Sie war in ihrem Widerspruch vehement und hat kein Blatt vor den Mund genommen. Sie hat einen sehr damit konfrontiert, mit der Art und Weise, wie sie die Welt sieht, wie sie die Politik sieht, wie sie das Theater sieht. Sie war eine sehr streitbare Frau. All dieses Süßliche, Liebliche, womit sie später so berühmt geworden ist im Fernsehen, war sie gar nicht. Sondern sie war hochintelligent, sie konnte vehement, beleidigend und konfrontativ sein, wenn es um die Sache ging. Sie war eine unglaubliche Streiterin. Das war übrigens auch das, was sie mit meinem Vater verbunden hat: Sie konnten unfassbar miteinander streiten – etwas, was ich in meinem Leben nicht so gerne tue. Das hat sicherlich auch damit zu tun hat, dass ich dabei so oft anwesend war. Das Streiten war ein Motor, das war die Hitze zwischen den beiden. Viele Menschen, die meine Mutter zunächst nur flüchtig kannten, waren ganz verwirrt über die Mischung. Zuerst in der Öffentlichkeit diese Schüchternheit und dann aber diese unglaubliche Konfrontation – da musste man durch. Wenn man das geschwänzt hat, hat sie das nicht akzeptiert. Das hat sie nicht geschätzt.«

Man konnte sich nicht heraushalten?

»Nein! Man musste durch den Sturm hindurch. Auch alle Kinder übrigens. Wenn man das nicht gemacht hat, dann entstand auch nicht die Nähe oder die Hitze. Sie war nicht jemand, den man leicht in den Arm nehmen konnte. Das war sie nicht. Dieses Umarmende, das war mein Vater, der konnte das, aber sie wollte das nicht. Das war nicht sie.«

Wenn Nähe entstehen sollte, dann musste der andere also etwas von sich zeigen. Es wurde einem nicht so leicht gemacht?

»Genau. Und man musste durch die Diskussion und den Streit hindurch. Dieses Risiko musste man eingehen, wenn es dazu kam.«

Worum wurde gestritten? Waren es immer sachliche Themen?

»Es ging um Politik. Meine Mutter war ein unglaublich interessierter Mensch, was Politik anging. Ihre Auffassung von Theater war eine politische, und es ging natürlich in unserer Familie wahnsinnig viel um Theater, weil es das Leben meiner Eltern war, das, was sie dauernd gemacht haben. Morgens am Küchentisch gab es Tee mit Milch – das mach ich immer noch so –, und dann ging es schon los. Man hat sich aber auch an Weihnachten gestritten, wie man den Heringssalat zubereitet – also, auch darüber konnte man sich streiten. Es gab viele Themen, über die man sich streiten konnte.«

Wie haben Sie das als Kind erlebt? War es für Sie normal?

»Der Streit lief ja zwischen den Eltern und nicht mit mir. Ich bin ja eine Spätgeborene. Meine Mama war 45 und dachte, sie kommt in die Wechseljahre. Also, am Anfang war ich eingehegt in eine ganz normale Familie – im Unterschied zu meinen vielen anderen Geschwistern, die kommunenartig und in wilden Verhältnissen groß geworden sind. Das war bei mir nicht der Fall. Wenn ich es mit meiner großen Schwester Kathi vergleiche, dann war das wie eine andere Mutter. Meine Mutter war zwanzig Jahre älter, aber auch die Familienverhältnisse waren zutiefst spießbürgerlich, ganz im Gegensatz zu dieser Kommunenveranstaltung, die sie vorher aufgeführt haben, mit unterschiedlichen Beziehungsmodellen und so. Jetzt war es Vater, Mutter, Kind, und ich war wahnsinnig behütet. Meine Eltern haben sich unheimlich um mich gekümmert – auf der einen Seite. Ich wollte oft nicht in den Kindergarten, und dann musste ich auch nicht gehen, dann haben sie mich mit auf die Proben genommen. Ich hatte Kindermädchen, was weiß ich. Meine Eltern haben zwar immer viel gearbeitet, aber dennoch bin ich behütet und mit einer Riesenaufmerksamkeit groß geworden. Und so blieb es auch. Da war also einerseits diese absolute Hingabe und dieser Fanatismus dem Beruf und allem gegenüber, was das Theater angeht. Aber das andere Wichtige war die Familie. Ich glaube, dass sie sich da auch sehr verändert hatten. Früher in diesem anderen Leben waren Freunde und diese offene Struktur total wichtig. Als ich dann kam, wurde das wirklich immer enger. Also, da war die kleine Familie die Familie. Es kamen nicht mehr so viele Menschen zu uns nach Hause, es wurde viel ruhiger und viel zurückgezogener. Sie sind immer zur Arbeit gegangen. Es war schon klar, dass sie immer gearbeitet haben, und irgendwie bin ich in diese Arbeit auch so mit hineingerutscht. Im Gegensatz zu meiner großen Schwester Kathi, die ja Wirtschaftswissenschaften studiert hat, ganz andere Entscheidungen getroffen hat und zum Theater gesagt hat: No way! Und bei mir ist es genau das Gegenteil gewesen.«

Von Anfang an?

»Ich fand es immer faszinierend, ich hab es genossen, ich bin mit dem Dreiradl auf den Theatergängen rumgefahren – das sind die Geschichten meiner Eltern. Ich saß in der Maske, die Maskenbildnerinnen haben mir die Perücken aufgesetzt, und ich hab es geliebt, diese vielen Schauspieler um mich herum. Ich mochte es auch, dass die Erwachsenen mit den Kindern so ernst umgingen und sich wirklich mit ihnen beschäftigt und gespielt und diskutiert haben. Also, ich war so ein Kind, das immer mit diesen Schauspielern zusammen war, und hab das sehr gemocht. Das hat dann auch dazu geführt, dass ich in diesem Metier geblieben bin. Es hatte für mich eine Riesenfaszination. Und diese Art und Weise der Eltern, wie die miteinander umgehen, das hab ich immer miterlebt.«

Hat Ihr Vater die Streitkultur, von der Sie erzählt haben, mitgetragen?

»Er war treibende Kraft. Sie waren beide treibende Kraft. Sie haben sich da komplett ergänzt. Sie waren auf Augenhöhe, tatsächlich.«

Es macht ja auch keinen Spaß, wenn der Gegner unterlegen ist.

»Als dritter Mensch musste man sich bemühen, wenn man da mithalten wollte. Man musste sich bemühen, überhaupt vorzukommen. Meine Eltern waren beide raumgreifende, verdrängende Menschen, wenn sie zusammen waren, also, im geschützten Raum. In der Öffentlichkeit war meine Mutter schüchtern, das hat ihr keinen Spaß gemacht, das war bei meinem Vater anders, aber wenn sie gemeinsam in einer Runde angefangen haben, wenn es da losging, dann waren sie Partner und Gegner und Gefährten und was weiß ich auf Augenhöhe. Dann ging es los. Sie haben sich auch in der Arbeit wahnsinnig gehackelt und gestritten. Dieses Streiten war für mich normal – so war es eben. Doch ich merke, dass ich heute jemand bin, der das nicht so unbedingt braucht. Diese hohe Kampfbereitschaft ist bei mir nicht so ausgeprägt.

Bei uns ging's früher darum: Wenn du nicht am Boden liegst, dann hast du nicht gewonnen. Alles nur verbal. Aber verbal war es hochgerüstet, verbal waren sie hochgerüstet. Das kommt natürlich auch aus einer anderen Zeit. Dieser Kampf war bei den 68ern ja auch tatsächlich einer. Jetzt im Rückblick kann man sich entspannt zurücklehnen und sagen: Was waren die denn hysterisch, aber damals musste man ja vieles erkämpfen. Ich lese gerade ein Buch von Oskar Roehler über seine Familie. Das ist niederschmetternd, wie die Mutter – Gisela Elsner – sich nicht um ihr Kind gekümmert hat, sondern als Gegenentwurf in ihre Tasten haute. Da ist mir auch noch mal klar geworden, ja, das ist eine völlig andere Zeit. Heute ist das für mich überhaupt nicht vorstellbar. Auch dieses Selbstverständnis, wie man als Künstler weit entfernt von einer Familienstruktur egoistisch da so durchrattern muss, das hat nichts mit meinen Eltern zu tun. Dagegen waren wir eine völlig biedere, spießige, sich umarmende Familie. Wir waren auch eine sich umarmende Familie, aber halt mit diesem speziellen Verbalkampfverhalten. Meine Eltern haben mir zum Beispiel das Gefühl gegeben: So, wie du bist, bist du richtig. Das haben sie bei mir wirklich geschafft.«

Das ist das Beste, was man einem Kind mitgeben kann.

»Genau. Das ist ihnen gelungen. Dieses Essensthema ist ja jetzt in unserer Zeit total wichtig. Man muss ja so aussehen wie Heidi Klum. Und ich habe in meinem Leben nie an so etwas gedacht. Wenn jemand zu mir gesagt hätte, du bist zu dick, hätte meine Mutter gesagt, der hat 'nen Vogel. Und ich hab in meinem Leben – und ich bin wahrscheinlich die Einzige in meiner Generation – niemals über meine Figur nachgedacht oder eine Diät oder so was gemacht. Nie. Wenn meine Oma – die Mutter meiner Mama – kam, durfte keine Schokolade gegessen werden, weil sie einen Spleen hatte mit der Figur. Und dann haben meine Eltern mir heimlich in Alufolie eingewickelt Schokolade mitgegeben. Bei uns war dieser Schokoladenbereich offen. Da konnte man einfach hingehen und essen, so viel man wollte, oder aufhören. Ich konnte immer selbst sagen, wie viel ich brauche, was ich brauche, auch wenn es ungesund war, es war okay. Ich musste als Kind auch nie aufessen. Und damit haben sie wirklich erreicht, dass das kein Thema in meinem Leben war. Toll! Sie haben ganz viel ganz toll gemacht. Eigentlich alles. Aber man musste halt – das ist ja immer so – mit ihnen und ihren Eigenheiten klarkommen. So ist das mit Eltern. Das muss jetzt unsere Tochter mit uns auch ... hilft ja nichts.«

Als Kind ist man ja auf lange Zeit die Schwächste – auf der einen Seite ...

»Genau, auf der einen Seite. Wobei ich mich nie – tatsächlich nie – als schwach empfunden habe. Meine Eltern haben eben nicht gesagt, du machst es jetzt so, wie wir das sagen – überhaupt nicht. Sondern es wurde diskutiert. Da war immer die Diskussion. Also, ich habe gesagt, nein, ich mach's nicht so. Dann haben sie gefragt, warum machst du's nicht so? Es ist Quatsch, wenn du's nicht so machst. Und dann ging es hin und her. Es war nie, du machst es jetzt so, wie ich es sage. Das gab es nicht. Es gab immer nur: Ich finde das nicht gut. Und dann ging's los. Insofern wurde ich relativ früh wie ein Erwachsener behandelt. Das kann Kinder, glaube ich, total überfordern. Wahrscheinlich hat es mich auch überfordert, aber dadurch hab ich mich auch so wahnsinnig früh als Mensch empfunden, der wahrgenommen wird und der nicht übergangen wird. Ich wurde nie übergangen. Sie haben mich nie übergangen. Nicht ein einziges Mal.«

Was waren Ihre größten Konflikte mit Ihrer Mutter?

»Als Kind war es für mich leicht, meinen Vater zu lieben, und schwer, meine Mutter zu lieben, denn sie hat mit mir gekämpft, und mein Vater ging in die Küche, hat seinen Kaffee getrunken und war immer der freundliche, wunderbare Papa. Da sind ganz viele Dinge, die mich an meiner Mutter wahnsinnig gemacht haben. Sie war eine Ordnungsliebhaberin, das hat sich aber erst später eingestellt. Sie war furchtbar schlampig in ihrer Kindheit und hat dann, als die Kinder kamen, den Schritt zum Menschen vollzogen, der alles wegräumt. Abends, bevor wir ins Bett gegangen sind, wurde alles feinsäuberlich aufgeräumt, geputzt und so. Sie war auch ein bisschen ein Feldwebel. Sie hatte eine irre Disziplin. Meine Mutter war wahnsinnig neugierig und diszipliniert. Davon bin ich wirklich weit entfernt. Ihrem Leben so eine Struktur zu geben, wo man so durchmarschiert, das war ganz wichtig für sie. Es hat mir erlaubt, schlampig zu sein, denn sie war der totale Gegenentwurf. Auch in schweren Zeiten. Immer diese riesige Arbeitsdisziplin, die sie hatte. Sie hat ja wahnsinnig viel gearbeitet. Die *Süddeutsche Zeitung* wurde frühmorgens vorne angefangen, hinten aufgehört. Sie hat alles gelesen, alle Nachrichten. Als Kind war das für mich schleierhaft und hat mich auch wirklich gequält, wie man sich um acht Uhr abends die Nachrichten angucken kann, um halb elf die *Tagesthemen* und nachts dann noch mal das *Nachtmagazin*.

Völlig sinnlos, weil ja immer dasselbe berichtet wird. Ja, und ich mach's heute genauso.«

Katharina Brenner traf ich bei den Tiroler Volksschauspielen in Telfs, wo sie fast jedes Jahr auftritt. »Wenn wir von Familie sprechen, meinen wir das Patchwork, also, die »kleine Kathi« – das ist Familie« hatte mir Katharina Adami, die »große Kathi« erklärt. Ich fragte Katharina Brenner, wie sie ihren Platz in der Patchworkfamilie erlebt hat:
»Ruth war zwar nicht meine Mutter, aber ich habe sie zeitweise so empfunden. Zum ersten Mal getroffen habe ich sie, als ich vielleicht fünf Jahre alt war. Meine Mutter, meine kleine Schwester und ich sind von Göttingen nach München gezogen, weil es hieß, dass der Papa mit der Ruth Drexel, die er in Berlin an der Volksbühne kennengelernt hat, etwas Neues ausprobieren will. Sie wollten eine Kommune schaffen, in der man zusammen Stücke erarbeitet. Meine Mutter, auch Schauspielerin, war vorher zusammen mit ihm in Göttingen engagiert. Sie war nicht auf demselben Theatertrip wie mein Vater und Ruth. Er hat sie gebeten, mit nach München zu kommen, und sie hat okay gesagt, obwohl sie nicht genau wusste, was da stattfinden wird.«

Wie haben Sie die Wohngemeinschaft in Feldkirchen erlebt?

»Für mich war die Zeit in Feldkirchen toll. Eine der tollsten Zeiten, weil immer viele Leute – Männer und Frauen – um mich herum waren, so blöd sich das anhört. Eine davon war die Ruth. Ich hab sie damals nicht als die Geliebte meines Vaters wahrgenommen. Und meine Mutter hat das damals auch nicht herausgestellt. Sie, meine kleine Schwester und ich hatten unsere eigene Wohnung und sind hin- und hergependelt. Ich war immer nachmittags nach der Schule dort. Da hab ich die große Kathi und andere Kinder kennengelernt. Es wurden Feste gefeiert. Es war ja ein Riesengrundstück mit Hollywoodschaukel und Swimmingpool – für uns Kinder einfach toll. Und die Ruth war so eine Art große Mama des Ganzen. Auch damals schon. Aber meiner Mutter hat es irgendwann einmal gereicht, nachdem sie das dritte Kind bekommen hatte. Denn zu der Zeit lebte Moni Bleibtreu auch in Feldkirchen und bekam ein Kind von meinem Vater, den Moritz. Meine Mutter und wir drei Schwestern waren außen vor. Was die Arbeit betraf, so standen mein Vater und Ruth im Mittelpunkt.«

Hat Ihre Mutter das akzeptiert?

»Irgendwann war es meiner Mutter zu viel, und wir sind weggezogen, zuerst nach Augsburg, dann nach Freiburg. Sie hat es ja lange ausgehalten und sogar mit Humor genommen – sie war kein Kind von Traurigkeit. Nach ihrem Tod – sie ist 2010 gestorben – hab ich Aufzeichnungen von ihr gefunden, toll geschrieben, wie ein Roman. Obwohl es einen wirklichen Bruch gab, habe ich die Ruth nicht als Zerstörerin der Familie betrachtet. Meine Schwestern sehen das anders, weil sie jünger sind und die Kommunezeit nicht miterlebt haben. Ich hatte das Glück, eine größere Nähe zu meinem Vater und auch zu Ruth entwickeln zu können. Als wir wegzogen, bin ich dann sehr krank geworden und mit vierzehn in eine Pflegefamilie gekommen, weil meine Mutter überfordert war. In dieser Zeit hat mich mein Vater regelmäßig besucht.«

Später haben Sie dann auch mit Ruth Drexel zusammengearbeitet.

»Ein Arbeitsverhältnis wurde es ganz spät, erst nach dem Tod meines Vaters. Vorher hab ich die Ruth vor allem als jemanden gesehen, mit dem man diskutiert hat, immer, immer, immer. Morgens ging es schon los, und wehe, du hattest keine guten Argumente! Ich habe immer einen Druck gespürt, vor ihr zu bestehen. Als Jugendlicher hat man ja auch immer Weltverbesserungsideen und eine eigene Sicht und Wertung der Dinge. Darauf ist sie immer sofort eingestiegen. Und wie! Dann wurde sie hantig und akribisch zugleich, manchmal durchaus aggressiv. Ich war manches Mal verzweifelt und hab gedacht, was will sie denn bloß von mir, sie nimmt mich ja doch nicht ernst. Da hat dann mein Vater widersprochen: ›Sie nimmt dich sogar sehr ernst, gerade deswegen engagiert sie sich ja so. Sie will rauskriegen, was du denkst, sie will rauskriegen, wie deine Gedankenführung ist. Wenn es ihr wurscht wäre, dann wäre sie schon zur Haustür rausgegangen.‹ Ja, es hat sie interessiert, dieses jugendliche Menschenkind, und das war nicht immer lustig, das konnte unheimlich anstrengend sein. Aber mich hat es irgendwie gereizt, weil es immer öffnend war. Ich habe immer das Gefühl gehabt, ich erfahre mehr, ich denke dadurch noch in eine andere Richtung. Sie ist immer voll eingestiegen, auch bei meinem Vater. Über Stockwerke hinweg haben sie diskutiert. Das ging bis in die späte Nacht hinein. Es wurde ständig gesprochen. Ständig geredet. Mit diesem Vollengagement. Schweigen gab es nicht. Das hat aus Kindersicht oder aus Jugendsicht etwas Beruhigendes. Man konnte sich auf sie verlassen, weil man wusste: Das sind Leute, die sich ständig Gedanken machen, denen ist nichts wurscht.«

7
Hans

*»Er hat für jede Rolle Federn gelassen –
ein Jahrtausendschauspieler.«*

Der Innenhof der Innsbrucker Fennerkaserne ist dunkel und leer, der Boden glänzt metallisch. Ab und zu ein greller Scheinwerfer: gespenstisch und entlarvend zugleich. In der Mitte ein Mann, ganz allein. Er sucht sein Messer. Die Tatwaffe, die ihn verraten wird, den Verursacher der »roten Schnur« um den Hals seiner Geliebten. Seine Einsamkeit schmerzt – genau wie die Stille. Der Mann scheint ohne Leben. Sein Gesicht, die brennenden schwarzen Augen, die vor Kurzem noch so gefunkelt haben, bewegen sich nicht mehr. Plötzlich löst er sich aus seiner Erstarrung und beginnt zu zittern. In diesem Augenblick steht die Welt still. Zeit und Raum sind als Orientierungsparameter außer Kraft gesetzt. »Was ist das für ein Platz?«, fragt Woyzeck. »Was hör ich? Es rührt sich was. Still.« Er hat Marie erstochen. Nun realisiert er, dass er ganz allein ist. Ein Grad von Verlassenheit, dessen Steigerung nicht möglich ist. Woyzeck hat sich im Universum verirrt – wie Lenz im Gebirge: »Hören Sie denn nichts, hören Sie denn nicht die entsetzliche Stimme, die um den ganzen Horizont schreit, und die man gewöhnlich die Stille heißt?« 1989 spielte Hans Brenner die Titelrolle in Georg Büchners Drama unter der Regie von Ruth Drexel in München und Innsbruck. Hans Brenner war nicht nur identisch mit der

Figur, die er verkörperte, hier spiegelte sich auch sein Anspruch an die eigene Arbeit: »Ich glaube, gutes und richtiges Volkstheater hat sich zu verstehen als ein Anwalt derjenigen, die ausgestoßen sind, die gedemütigt werden, und in dieser Radikalität hätte ich es gerne gesehen und denke, dass wir das auch versuchen.«

Brenners Woyzeck war ein Mensch, kein Schauspieler, der einen Menschen spielt. »Es war das Unmittelbare und Direkte, was die Leute beeindruckt hat«, unterstreicht seine Tochter Katharina. »Es gab keinen Filter mehr zwischen ihm und dem Publikum, keinen Gazevorhang, sodass sich jeder angesprochen fühlte und spürte: Es geht ganz konkret um etwas, was in der Welt ist. Um etwas, was beim Menschen ist. Die Schwächen, Stärken, Widersprüche, Ungereimtheiten der jeweiligen Figur haben sich dem Zuschauer auf den Schoß gesetzt, wenn er da oben herumgetobt hat. Und das hat die Leute nicht losgelassen. Seine Unbestechlichkeit war faszinierend – er war ein absolut unverlogener Hund, kein akademischer Darsteller, der seine gemeißelte Kunst zeigt. Wenn er gespielt hat, wusste man: Da lässt einer Federn für die Rolle, man hat dieses Federnlassen immer gesehen. Wenn er dann von der Bühne kam, war er genauso. Da war kein Unterschied, er stellte sich natürlich nicht an den Tisch der Dramaturgen, sondern an den Tisch der Techniker und da wurde weitergeredet. Möglicherweise verkläre ich es, aber ich habe immer das Gefühl gehabt, man kann sich dem nicht entziehen.«

Als Darsteller war Hans Brenner eine Ausnahmeerscheinung. »Einen Jahrtausendschauspieler« nennt ihn Ottfried Fischer und ergänzt, Brenner sei der einzige Schauspieler, bei dem er erlebt habe, dass er auf der Bühne größer wurde. »Von der ersten Reihe aus konnte ich in die Bühnengasse schauen, da

Hans Brenner als Woyzeck und Evelyn Plank als Marie in *Woyzeck* von Georg Büchner, Regie: Ruth Drexel, Tiroler Volksschauspiele in der Fenner-Kaserne Innsbruck 1989

hab ich es beobachtet, wie er aus der Kulisse kam. Es war wie im Flugzeug, wenn die Schwimmweste vorgeführt wird. Er wuchs, wenn er die Bühne betrat. Und dann war da die Ruth, die ihn an die Hand genommen hat. Sie haben keine Weltkarriere gemacht, sondern gesagt, wir müssen hier die Welt verändern.«
In erster Linie verstand sich Hans Brenner als Theaterschauspieler, »in Wahrheit« sei die Bühne der Arbeitsplatz, den er liebe. Fernsehen mache er nur wegen des Geldes, erklärte er immer wieder. Doch auch im Film zeigte sich seine große künstlerische Intensität: von Mathias Kneißl, dem Protagonisten aus Reinhard Hauffs gleichnamigem Film aus dem Jahr 1970, bis zu Hanns Martin Schleyer in Heinrich Breloers Zweiteiler *Todesspiel* von 1997. Um Brenners Darstellungs-

weise zu charakterisieren, muss man die Grenzen des deutschen Kinos verlassen: Er verbindet die mediterrane Melancholie eines Marcello Mastroianni mit der coolen Unverschämtheit eines Jack Nicholson und dem subtilen Humor eines Jeff Bridges. »Obersexy«, so Katharina Thalbach über Hans Brenner – der »Dude« in *The Big Lebowski* wäre zweifellos eine Paraderolle für ihn gewesen.

Hans Brenner wurde am 25. November 1938 als Sohn eines Arbeiters in Innsbruck geboren. Er wuchs auf in der »Koatlackn«, dem ältesten Viertel der Stadt. Diese derbe Bezeichnung für den Stadtteil St. Nikolaus, in dem die ärmere Bevölkerung lebte, erinnert daran, dass dort auf der linken Innseite die Abwässer zusammenliefen, weil es keine Kanalisation gab. Schon als Kind zeigte sich Hans Brenners schauspielerisches Talent: Er trat mit dem Tiroler Ensemble Exl-Bühne auf und drehte mit vierzehn Jahren seinen ersten Film, in dem er die Titelrolle spielte, den »Haflinger-Sepp«. In diesem Jugendfilm aus dem Jahr 1953 spielte er neben Schauspielergrößen wie Bernhard Wicki, Armin Dahlen und Paul Hörbiger einen Bauernjungen, der mit seinem besten Freund, einem Pferd, Abenteuer erlebt.

Nach dem Abitur besuchte Hans Brenner in Salzburg die Schauspielschule und erhielt sein erstes Schauspielengagement am Vorarlberger Landestheater in Bregenz. 1964 heiratete er die Schweizer Schauspielerin Susanne Kappeler, im selben Jahr kam die Tochter Katharina zur Welt. Die nächsten Stationen waren 1965 das Theater der Stadt Heidelberg und 1967 das Deutsche Theater in Göttingen. 1969 wurde die Tochter Stephanie geboren, zwei Jahre später Anna Therese. 1967 hatte Hans Brenner Ruth Drexel in Berlin kennengelernt. Von Anfang an verband sie die Auffassung vom Theater als einem Ort, an dem man gesellschaftliche Veränderung propagieren und initiieren kann. Den Slogan »Die Phantasie an die Macht«, ursprünglich im Pariser Mai 1968 geprägt von der französischen Protestbewegung, füllten sie mit Leben – seit 1969 gemeinsam, unter anderem an den Stationen Darmstadt, Düsseldorf und München. Die Gründung der Kommune in Feldkirchen war Teil ihres politischen Engagements. Auch die Filme, in denen Hans Brenner parallel zu seiner Theaterarbeit mitwirkte, fühlten sich der antiautoritären Bewegung verpflichtet. Der Filmemacher Reinhard Hauff drehte mit ihm 1970 *Mathias Kneißl*, 1977 *Der Hauptdarsteller* und 1978 *Messer im Kopf*. In den 1980er Jahren wirkte er in Rüdiger Nüchterns Filmen *Nacht der Wölfe* (1981) und *Bolero* (1985) mit. Daneben war er in zahlreichen bekannten Fernsehserien zu sehen. Von 1984 bis 1994 erschien er im Bayerischen Fernsehen jeden Freitag als »Fernseh-Pförtner« Alois Baierl, der unter dem Titel *Nix für ungut!* das Weltgeschehen kommentierte. Einen Höhepunkt seiner Filmarbeit bedeutete *Todesspiel*, das zweiteilige Dokudrama von Heinrich Breloer aus dem Jahr 1997, das den »Deutschen Herbst 1977«, die RAF-Geiselnahme des Arbeitgeberpräsidenten Hanns Martin Schleyer und die Entführung der Lufthansamaschine »Landshut« durch ein palästinensisches Terrorkommando zum Thema hat. Breloer ergänzt die Spielfilmelemente mit Zeitzeugenberichten, Interviews und Archivaufnahmen. Für die großartige Darstellung des Arbeitgeberpräsidenten Hanns Martin Schleyer wurde Hans Brenner vielfach ausgezeichnet.

Im Film unternahmen Ruth Drexel und Hans Brenner Alleingänge – ab und zu tauchten sie in Serien zusammen auf –, im Theater gingen sie seit Ende der 1960er Jahre gemeinsame

Wege. Sowohl das Münchner Volkstheater als auch das Festival Tiroler Volksschauspiele lagen beiden gleichermaßen am Herzen. Jeder konnte sicher sein, mindestens einen Mitstreiter oder eine Mitstreiterin zu haben bei dem Versuch, ein Theater zu erfinden, das die Grenzen der Hochkultur sprengt und an die Unmittelbarkeit eines Molière- oder Shakespeare-Theaters anknüpft.

Silvia Wechselberger, langjährige Geschäftsführerin der Tiroler Volksschauspiele, zeigt sich beeindruckt von der lebendigen Beziehung der beiden: »Sie haben sich künstlerisch unglaublich intensiv miteinander ausgetauscht. Damit meine ich eine kreative Auseinandersetzung. Es ist ja toll, wenn man einen Partner hat, von dem wirklich ein Feedback kommt und mit dem man diskutieren kann, um schließlich zum besten Ergebnis zu gelangen. So war es immer bei ihnen. Immer hundertprozentig. Eine ganz tolle Beziehung haben sie gehabt. Bis zum Schluss. Sie waren ihrer Zeit weit voraus. Das hab ich immer sehr bewundert. Auch das Interesse, das sie aneinander gehabt haben – gegenseitig. Selbst wenn es an die Substanz gegangen ist, es wurde Tag und Nacht diskutiert, wenn es nötig war. Alles ist ausgesprochen und durchgesprochen worden.« Lorenz Gutmann ergänzt: »Sie kannten sich einfach sehr gut. Sie wussten über ihre Fehler Bescheid und gingen liebevoll und vertraut miteinander um. Das ist auf der Bühne natürlich grandios. Da gab es kein ›Das trau ich mich nicht!‹ Sie haben sich wirklich angebrüllt auf der Bühne, wenn es nötig war. Man hat ihnen alles geglaubt, sie mussten es nicht üben.«

Katharina Thalbach ist berührt von der »großen Liebesgeschichte, die es irgendwie war zwischen beiden, obwohl sie einem überhaupt nicht vorgeführt wurde. Sie waren ja im

Hans Brenner als Leonhardt Bitterwolf und Ruth Drexel als Balbina in *Der starke Stamm* von Marieluise Fleißer, Regie: Dieter Giesing, Residenztheater München 1979, Fernsehfassung 1982

Umgang eher ruppig miteinander. Nicht böse, aber der Umgangston war nicht gerade ›Heidschi Bumbeidschi‹. Es herrschte eine ruppige Zärtlichkeit zwischen den beiden. Und eine große Akzeptanz und Achtung des Anderen. Die Rollenverteilung war, glaube ich, ziemlich klar: Den Laden schmeißen musste sie, und die Stimmung halten konnte er. So hab ich das empfunden. Die Selbstverständlichkeit, mit der Ruth die Beziehung mit dem Hansi geschmissen hat, war toll. Bestimmt war es nicht ganz leicht, weder die Sachen mit den Weibern noch die Saufereien. Vielleicht hat sie das im Kämmerlein mit sich abgemacht. Ruth war keine laute Person. Das war eher der Hans. Sie war schon eine auffällige Erscheinung, aber weder ihren Ruhm noch ihre Erfahrungen noch ihr Wissen hat sie heraushängen lassen. Ich glaube, das Band zwischen den beiden war stark. Das Fundament war nicht zu erschüttern.« Den »Frauenhelden« habe sie immer wieder bei Hans Brenner durchblitzen sehen, erzählt Susanne Schulz. »Ich habe nie einen Menschen getroffen, der so lachen konnte wie er. Der konnte lachen, da ging einem das Herz auf. Großartig. Die zwei waren ein tolles Gespann. Es war eine ideale Symbiose. Sie haben sich gut ergänzt, künstlerisch und menschlich.«

Katharina Brenner staunt vor allem über die große Energie der beiden: »Wir leben heute in einer Gesellschaft von Burnout und Erschöpfung – das ist zu viel und jenes ist zu viel. Wir kriegen es nicht auf die Reihe, und dann haben wir kein Geld mehr. Überall Beschränkungen. Die beiden haben immer etwas vollkommen anderes signalisiert. Da gab es diese Erschöpfung nicht. Das, was sie angetrieben hat, werden wir nicht mehr rauskriegen. Es ist ein Zusammenspiel aus der Zeit und dem Milieu, in dem sie aufgewachsen sind. Sie kamen aus verschiedenen Milieus, aber beide wollten ihres abladen und etwas anderes schaffen. Es ging darum, etwas zu überwinden – das war das, was sie verbunden hat. Daher waren sie solche Kämpfer. Ich weiß nicht, ob man es eine ideologische Verbindung nennen kann, es war eine merkwürdige Wut. Ohne diese Dringlichkeit, etwas verändern zu wollen, hätte die Beziehung nicht gehalten. Und das hat sie ja – erstaunlicherweise. Sie sind sich nicht bussi-bussimäßig in den Armen gelegen, sondern haben sich gefetzt bis in die frühen Morgenstunden. Offensichtlich gab es irgendeinen gemeinsamen Anspruch, den sie durch die Zusammenarbeit verwirklicht sahen. Und das hat sie beieinander gehalten und so produktiv werden lassen.«

Cilli Drexel erklärt: »Sie war die Chefin, und er war das Zugpferd. Er war sich seiner Position total bewusst. Meine Mutter hat immer gesagt, er sei der Begabte und sie nicht. Sie glaubte, ein Riesendefizit überwinden zu müssen. Das Gefühl, es reiche eigentlich nicht, schleppte sie mit sich herum. Das ging sehr weit, das betraf sie persönlich, ihre Begabung für den Beruf, immer war da die Angst, nicht zu genügen. Ihr Selbstgefühl war überhaupt nicht das einer Erfolgreichen und hatte mit der Realität nichts zu tun. Mein Vater war der Umarmer, aber er konnte auch echt ein harter Kollege sein, weil er sofort spürte, wenn jemand seinen Job nicht gut gemacht hat. ›Der schwänzt einen anderen Beruf‹, hieß es dann. Da fand ich ihn manchmal eitel. Aber ist das Eitelkeit? In seinem äußeren Auftritt war er nicht eitel, er sah ab und an aus wie ein Penner. Das war ihm so wurscht. Die ganze Schönheit war ihm so wurscht. Er war so ein schöner Mann. Er war so wahnsinnig schön, als er jung war. Es war ihm völlig ›blunzen‹, wie er selbst sagen würde, also egal. Das ist ja auch leicht, wenn einem die Frauen zu Füßen liegen. Aber trotzdem, ich glaube, es war ihm wirklich egal. Wichtig war ihm dieser Draht zu den Menschen. Dass die Menschen ihn verstehen und lieben. Er wollte nicht von den Feuilletons geliebt werden, er wollte vom Publikum geliebt werden. Da ist er nicht immer den Weg des größten Widerstands gegangen, was die Publikumsgunst anging. Da war meine Mutter viel spröder. Für ihn war die Interaktion total wichtig. Er konnte in ein Gasthaus gehen, sich an irgendeinen Tisch zu den Leuten setzen und da völlig eintauchen. In den schrecklichsten Kneipen, an den grauslichsten Stammtischen. Daraus hat er bestimmt auch ganz viel für seine Arbeit geschöpft.«

Markus Völlenklee bestätigt: »Ich weiß noch genau, wie der Hansl zu mir gesagt hat, als ich Probleme mit einer Rolle hatte: ›Da musst auf'd Nacht ins Hasenbergl fahren und musst dich in eine Kneipe setzen, und dann siehst du erst einmal zu.‹ Das war ein völlig anderer Zugang zum Theater, und nur deswegen bin ich auch dabei geblieben. Ich glaube, ich hätte es sonst gelassen. Kennengelernt haben wir uns 1977 am Düsseldorfer Schauspielhaus. Da war ich eineinhalb Jahre, bin direkt vom Reinhardt Seminar in Wien dorthin und war ziemlich unglücklich, weil ich das Theater, das sich sehr wichtig genommen hat, nicht verstanden habe. Ich konnte nicht darüber lachen, ich konnte nicht darüber weinen, ich habe nicht wirklich verstanden, was da verhandelt wird und was das Besondere ist. Und dann kamen Hans Brenner und Ruth Drexel mit *Mensch Meier* von Kroetz, und ich sprang für einen Kollegen ein und fuhr immer von Düsseldorf nach München zum Probieren in irgendwelchen Gasthaus- und Pfarrsälen. Es war wie eine Erlösung, aus den heiligen Probebühnen und von der dortigen Arbeitsweise wegzukommen. Die beiden haben sich immer ganz konkret an menschlichen Verhaltensweisen und Haltungen orientiert, sie hatten immer eine direkte Verbindung zum Leben. Und sie haben sich hervorragend ergänzt. Sie waren eines der großen Theaterpaare.«

»Für mich waren Ruth und Hansi meine Theatereltern«, erklärt Wolfgang Maria Bauer. »Nach dem ganzen ›Wolfgang, du sprichst ja Dialekt!‹ auf der Schauspielschule und verschiedenen Engagements an deutschen Theatern kam ich wieder zurück nach Bayern und traf diese zwei Urviecher, die nur einen Satz zu sagen brauchten. Die haben mich zu mir zurückgeführt.« Ruth Drexel sei für seine Entwicklung entscheidend gewesen. »Sie war meine Ziehmama. Das war bei Markus Völlenklee sicher ebenso. Ich glaube, ich war sogar ein bisschen eifersüchtig auf ihn. Dass es da noch einen zweiten gibt.«

»Der Hansi war einer, der die Herrschaften der Hochkultur auf den Boden geholt hat«, freut sich Hans Schuler, »indem er immer dann gesagt hat, wenn jemand ›schauspielt‹: ›Hast du deinen Text schon aufgesagt?‹ Da hat das Ganze plötzlich eine Erdung gekriegt und sich in dieser relativen Unwichtigkeit gezeigt. Wenn junge Leute von der Schauspielschule kommen, dann glauben sie oft – beileibe nicht alle –, dass die Welt sich nicht mehr dreht, wenn sie nicht die Bretter der Welt betreten. Und dem ist halt nicht so.« Starallüren seien Hans Brenner fremd gewesen. »Seit ich ihn kannte, war er immer mehr als das, was man eigentlich volksnah nennt.«

Sophie Wendt war beeindruckt von seiner Kollegialität: »Der Hansl hat einen immer auf seine Ebene gehoben. Er hat dich nie irgendwie auf der Bühne absacken lassen, er hat immer genau auf dich geschaut, das fand ich toll. Es ist etwas Besonderes, dass man jemanden fordert und gleichzeitig mitnimmt. Und dass man aufpasst, dass er nicht stolpert und durch irgendwelche Maschen fällt, sondern oben bleibt. Das war sehr besonders. Mit ihm und der Ruth arbeiten zu dürfen, war für mich ein großes Geschenk.«

Wolfgang Maria Bauer musste allerdings ein Erlebnis mit Hans Brenner nachträglich in einem anderen Licht sehen. Während einer Bahnfahrt mit Ruth Drexel nach Heidelberg war Bauer mit ihr auf alte Zeiten zu sprechen gekommen. Er erinnerte sie an eine Szene aus ihrer Inszenierung von Horváths *Kasimir und Karoline* am Münchner Volkstheater: »Bei einer Zweierszene mit dem Hansi – er spielte den Merkl Franz und ich den Kasimir – hab ich nicht so recht gewusst, was ich machen soll. Dem Hansi ist auch nichts eingefallen und der Ruth auch nicht.« Er habe immer mehr Druck gemacht, bis schließlich Hans Brenner vorschlug, die Positionen zu ändern, also Bauer nach vorn zu stellen, »mit einem schönen Licht«, und selber in den Hintergrund zu treten. »Dann haben wir da eine Bühnenspannung – der Wolfi ist jung, der soll auch mal ganz vorn stehen«, habe er gesagt. Diese Großzügigkeit hatte Bauer so stark beeindruckt, dass er noch Jahre später Ruth Drexel davon vorschwärmte: »Das fand ich toll vom Hansi, dass er sich als Schauspieler ganz zurücknimmt. Damals hab ich gelernt, dass das auch in diesem Beruf geht und man keine Rampensau sein muss, um sich durchzusetzen.« Ihre Reaktion sei ein Lachkrampf gewesen. Dann habe sie ihn aufgeklärt: »Weißt du denn nicht, dass er gewusst hat, dass er dort hinten viel stärker wirkt als du da vorn?«

Es gibt zahllose Anekdoten, die um Hans Brenner kreisen, wie diese, die Veronika Eberl erzählt: »In Telfs kam zu den Proben, die im Freien stattfanden, auf einmal ein kleiner, etwa zehnjähriger türkischer Junge. Ruth wunderte sich darüber. Er konnte bald den ganzen Text auswendig. Zwischendurch ist er immer wieder weggelaufen, und dann war er wieder da. Ruth wurde zunehmend neugieriger: ›Was ist denn bloß mit dem?‹ Dann ist sie darauf gekommen, dass ihn der Hansi angestellt hatte. Hansi saß in einem Lokal um die Ecke und hatte dem Jungen gesagt: ›Pass mal auf, das und das sind meine Stichworte. Wenn du die hörst, dann kommst du her, gibst mir Bescheid und kriegst dafür ein paar Schillinge.‹ Der Bub hat also als Spion bei den Proben gesessen. Als Ruth das erfahren hat, war sie begeistert. Dass der Hans nicht stundenlang bei der Probe herumstehen wollte, bis er dran-

Wolfgang Maria Bauer als Kasimir (vorne), Hans Brenner als Der Merkl Franz und Adelheid Bräu als seine Frau in *Kasimir und Karoline* von Ödön von Horváth, Regie: Ruth Drexel, Münchner Volkstheater 1994

kam, und deshalb den Jungen engagierte, hat ihr wahnsinnig gefallen.«

Ob ihr Vater jemals Lampenfieber gehabt habe, weiß Cilli Drexel nicht. Sie habe ihn nie nervös erlebt, »doch man sagt, als Anfänger sei er nervös gewesen. Aber später dann wirklich gar nicht mehr.« Katharina Brenner hat erst nach dem Tod ihrer Eltern aus deren Briefen erfahren, dass ihr Vater sehr wohl Auftrittsangst kannte. »Er hatte Panik, als er von Bregenz nach Deutschland kam, er hatte Angst, dort nicht bestehen und dem Anspruch gerecht werden zu können. Da bekam er psychosomatische Attacken und alle möglichen Zipperlein, sodass meine Mutter von Bregenz, wo sie engagiert war, nach Heidelberg fahren musste, um ihn zu beruhigen und ihm Suppe zu kochen. Ich hab das lange nicht gewusst, man hat das ja später nicht mehr gemerkt. Ich fand es dann beruhigend, dass es bei ihm auch Zweifel und Brüche gab und er nicht immer der große Zampano war. Er kam ja aus ziemlich schwierigen Verhältnissen. Als er für diese Kinderserien entdeckt wurde, den Haflinger-Sepp spielte und dafür schon früh Geld für die Schauspielerei nach Hause brachte, galt er als Kinderstar. Und da hat er einfach weitergemacht, obwohl er auch das Zeug zu anderen Sachen gehabt hätte: eine akademische Laufbahn, vielleicht Mediziner –, davon hat er eine Zeit lang geträumt. Es ging aber erst einmal darum, das Kleingeld nach Hause zu bringen. Im Nachhinein glaube ich, dass er auch später noch Angst hatte. Man hat es aber nicht gemerkt, denn er ist aus dem Auto gestiegen und direkt auf die Bühne gegangen. Da war nichts von hinter der Bühne eingrooven oder so. Lieber hat er vorher noch schnell ein Bier getrunken.«

Für ihre Nach-Volkstheaterzeit – 1998 endete ihr Vertrag als

Intendantin in München – hatte Ruth Drexel viele Pläne. Natürlich wollte sie weiter spielen, sowohl am Theater als auch im Fernsehen. Doch vor allem endlich einmal das tun, was sie schon immer tun wollte und wofür nie Zeit gewesen war. Ruth Drexel träumte von einer Weltreise mit Hans Brenner. Doch es sollte anders kommen: Er starb am 4. September 1998 in München an einer Krebserkrankung. Sein Tod kam für alle überraschend, »ein todtrauriger Vorhangfall« hieß es in der *Süddeutschen Zeitung*. Am 2. Juli 1998 hatte er zum letzten Mal auf der Bühne gestanden: als Totengräber in Ruth Drexels *Hamlet*-Inszenierung. Klaus Rohrmoser, der die Titelrolle spielte, war geschockt: »Zwei Jahre haben wir da zusammen gespielt, im Volkstheater und in Telfs. Mir hat das sehr viel bedeutet. Nach der letzten Vorstellung im Sommer '98 in Telfs ging es Hans sehr schlecht, aber es hat doch niemand daran gedacht, dass er sterben würde.« Auch Josef Hader war damals in Telfs: »Ich habe die letzte Vorstellung gesehen, die Hans Brenner gespielt hat, und erinnere mich noch gut an die Totengräberszene. Dass er anschließend nicht mitgefeiert hat, hat mich gewundert. Ich hatte ja viele Jahre lang Soloauftritte als Kabarettist bei den Tiroler Volksschauspielen. Schon als ganz junger Mann habe ich den Hans Brenner sehr geschätzt. Nach den Vorstellungen sind wir oft beieinandergesessen, der Herr Brenner, der Herr Mitterer und ich – immer noch ein bisschen länger als die übrigen. Und diesmal fehlte Hans Brenner, weil es ihm nicht gut ging.«

»Mein Vater ist nie zum Arzt gegangen«, erzählt Cilli Drexel, »weil er wahnsinnig viel geraucht und getrunken hat und immer Angst hatte, dass er deswegen krank wird. Wenn es ihm nicht gut ging, hat er das runtergespielt. Er hat von Rückenschmerzen gesprochen, die eben in seinem Alter und in seinem Beruf vorkämen. Wegen der Rückenschmerzen hat er Schmerzmittel genommen, und dann bekam er Magenschmerzen. Aber das waren schon Metastasen. Der Krebs war schon sehr sehr weit fortgeschritten. Das haben wir erst drei Tage vor seinem Tod erfahren, weil er sich nicht untersuchen lassen wollte, solange er bei Bewusstsein war. Das hat er durchgezogen, er wollte keine Diagnose und keine Prognose.«

Im Jahr 1998 entstand für Ruth Drexel ein doppeltes Vakuum. Auf das eine, das Ende ihrer Intendanz am Münchner Volkstheater, war sie vorbereitet. Das andere, der Tod ihres Lebensgefährten, traf sie völlig unerwartet. Obwohl sie Tag für Tag miterlebt hatte, wie er sich verausgabte, niemals schonte und alle Mahnungen bezüglich seiner ungesunden Lebensweise in den Wind schlug, hatte sie ihn dennoch bis zum Schluss als stark erlebt. Und dann plötzlich wie aus heiterem Himmel die Konfrontation mit der Krankheit, die nach nur wenigen Wochen zum Tod führte. Es bedeutete das Ende des »großen Theaterpaares« Ruth Drexel – Hans Brenner, das so viele Jahre voller Triumphe, Krisen, Stürme, Neuanfänge und Kontinuitäten gemeinsam überstanden hatte und durch nichts und niemanden zu trennen gewesen war. »Ich glaube, die Ruth hat ihm ein bisschen vorgeworfen, dass er sich aus dem Staub gemacht hat«, sagt Ottfried Fischer. Ohne ihn zu leben und zu arbeiten, war sie nicht gewöhnt. »Als der Hans gestorben ist, hat sie zu mir gesagt: ›Lasst mich nicht allein da in Feldkirchen hocken‹«, erinnert sich Lorenz Gutmann.
Die Anfrage, die die Stadt München ein Jahr später, 1999, an sie richtete, kam ihr wie gerufen. »Als die von Ruth Drexel selbst vorgeschlagene Nachfolge-Besetzung sich als nicht trag-

Klaus Rohrmoser und Hans Brenner in *Hamlet* von William Shakespeare, Regie: Ruth Drexel, Tiroler Volksschauspiele Telfs 1997, Wiederaufnahme 1998

fähig erwies und das Theater tatsächlich gerettet werden musste, hatte Kulturreferent Julian Nida-Rümelin die Idee, Ruth Drexel zu bitten, das Theaterschiff wieder flottzumachen«, berichtet der ehemalige Oberbürgermeister Christian Ude. Dabei sei nicht viel Überredungskunst nötig gewesen, und es sei ihr »bravourös« gelungen.
»Für sie war es gut, dass die alten Strukturen wieder da waren«, kommentiert Cilli Drexel. »Natürlich wurde die

Lücke, die der Tod meines Vaters hinterlassen hat, noch einmal mehr schmerzhaft deutlich, aber die Arbeit hat ihr wahnsinnig geholfen. Disziplin, Arbeit und wieder ein Stundenplan. Es geht ja erst einmal ums Weitermachen. Darüber hinweg kommt man nie, aber das Leben geht weiter. Das ist die Erfahrung, die man macht: Das Leben geht irgendwie weiter, obwohl es sich so wahnsinnig verändert hat. Ich war da nicht so wie sie, ich habe tatsächlich eine Pause eingelegt, was meine Lebensfreude angeht, von sicherlich zwei Jahren. Ich war erst 23, auf jeden Fall viel zu jung. Er war zu jung, ich war zu jung. Er war 59. Für mich ging es da nicht weiter, ich wollte das auch nicht. Ich fand es damals total befremdlich, dass meine Mutter weitergemacht hat. Jetzt bin ich viele Jahre älter und kann das verstehen. Es hat sich einiges in unserem Verhältnis verändert. Als mein Vater weg war, fiel ich in Schockstarre, und als ich dann wieder zurückkam, war es wieder möglich, meine Mutter zu lieben. Gott sei Dank war noch genügend Zeit, ihr das auch zu zeigen.«

8
Familie

»Sie ist eine tolle Ahnin.«

»Wir sind das am längsten zusammenlebende Paar in Bayern ohne Trauschein«, hat Ruth Drexel von sich und Hans Brenner behauptet. Fast dreißig Jahre lebten sie miteinander. Irgendwann sei Cilli einmal aus der Schule gekommen und habe gesagt, sie brauche unbedingt ein Hochzeitsbild ihrer Eltern, berichtet Veronika Eberl. Die Lehrerin habe die Kinder aufgefordert, ein solches Foto zur nächsten Stunde mitzubringen. Cilli war etwas verunsichert, denn sie wusste ja, dass ihre Eltern nicht verheiratet waren. Doch Ruth Drexel sah darin keine unlösbare Aufgabe – »da war sie ungeniert«, kommentiert Veronika Eberl – und gab ihrer Tochter ein Szenenfoto aus einem Film, in dem sie und Hans Brenner ein Brautpaar spielten. Sie trägt ein weißes Brautkleid mit Schleier, Blüten im Haar, einen Nelkenstrauß im Arm und lächelt verschämt-belustigt. Er trägt einen dunklen Anzug, eine schimmernde Krawatte, ein Blumensträußchen am Revers und ein Einstecktuch in der Brusttasche. Sein Grinsen hat etwas Unverschämtes. Auf diesem Foto verkörpern Ruth Drexel und Hans Brenner einen Typus von Ehepaar, der sie nie sein wollten und der eine Lebensform repräsentiert, die sie zutiefst ablehnten. Ihr Zusammengehörigkeitsgefühl auf diese Weise zu demonstrieren und zu legitimieren, lag ihnen fern. Als das Filmbild entstand, hatten sie sich längst für ein anderes Modell des Zusammenlebens entschieden und die bürgerliche Familie als für sich nicht praktikabel abgelehnt.

Katharina Brenner berichtet, ihr Vater habe stets Angst gehabt vor einer familiären Nähe, die er als betulich empfand. Die Grenze zur Verlogenheit war für ihn nicht weit. »Eine Wärme-Nähe war ihm unheimlich, er misstraute allem, was nach Idyll aussah.« Daher sei es für sie und ihre Schwestern kaum möglich gewesen, mit ihm eine Intimität zu entwickeln. »Für uns Kinder war es schwer, denn der Papa hat die Vaterrolle nicht in dem Sinne gespielt, dass er ganz selbstverständlich gesagt hat: ›Du bist mein Kind.‹ Er hat vielmehr verlangt, dass du das, was du von ihm willst, selbstständig einforderst. Also das, was das schöne Wort ›Liebe‹ meint, hast du von ihm nicht als eine Art Gratisbrief bekommen, der dir zusteht, weil er der Vater ist. Du musstest es dir holen. Du musstest hergehen und es dir erarbeiten, manchmal auch einfach durch Auseinandersetzungen.« Er habe gern Theoretisches und Ideologisches als Hilfsmittel dazwischengeschaltet, damit man ihm nicht zu nahe kam. Dann wurde über Brecht gesprochen, der das Gefühl als »Privatsache und borniert« bezeichnet hatte. »Brecht und immer wieder Brecht. Sicher entsprach das damals seinem Denken und ist ihm entgegengekommen, aber es hat auch vieles verdeckt«, meint Katharina Brenner. »Vielleicht war es das schlechte Gewissen, weil er gewusst hat, dass er seine Liebe auf mehrere verteilen musste und dass da einige zu kurz gekommen sind. Das war sicherlich ein Punkt – der Knackpunkt –, unter dem alle Geschwister gelitten haben – vielleicht am wenigsten die Cilli, weil es später anders war. Die Ruth war im Gegensatz zum Papa viel mehr selbstverständliche Mutter. So habe ich sie von Anfang an erlebt. Als eine, die sagt: ›Du bist doch auch mein Kind.‹«

Doch Katharina Brenner gab ihre Bemühungen um die Zuneigung ihres Vaters nicht auf und lernte dabei auch immer stärker seine andere Seite kennen: »Gleichzeitig war er ja ein wahnsinnig sentimentaler, melancholischer Hund, aber das hat er erst ganz spät im Alter zugelassen. Da bin ich dann mit ihm weitergekommen. Dennoch war es eine ewige Suche nach diesem Punkt, den das komische Wort ›Liebe‹ ausdrückt. Liebe und all das, was Kinder immer suchen und am ehesten bekommen, wenn sie noch ganz klein sind.« Der Ort, wo sie ihm am ehesten nahekam, war Telfs. Dort fanden seit 1982 im Sommer alljährlich die Tiroler Volksschauspiele statt, an denen Ruth Drexel und Hans Brenner von Anfang an maßgeblich beteiligt waren. Katharina Brenner verbrachte ihre Sommerferien in Telfs, »weil ich hier den Vater am stärksten hatte. In München hatte ich ihn nicht. Da gehörte er seiner kleinen Familie und dem Volkstheater.« In Telfs sei er eher zu fassen gewesen, obwohl er ständig unterwegs war. »Als Zeichen, dass er da ist, hat man irgendwelche Schlüssel oder Zigarettenpackungen herumliegen sehen. Und es gab drei Kneipen, in die er ging. Da hat man ihn irgendwann gefunden.« Vater und Tochter machten Ausflüge miteinander, auf denen sie Gelegenheit zum Reden hatten. Weil sie ihn eine Zeit lang nur auf der Bühne oder in der Kantine erlebt hatte, war Katharina Brenner zunächst überrascht von seiner Naturverbundenheit. »Ich wusste gar nicht, dass er in den Wald geht, wusste gar nicht, dass er laufen konnte, wusste gar nicht, dass er sportlich war, wusste gar nichts. Er war ja Kettenraucher. Aber wenn er dann auf seinen Berg gestiegen ist, hat man plötzlich den Tiroler in ihm entdeckt. Totale Naturverbundenheit, aber auf so eine merkwürdige Weise verborgen.« Das waren die Momente, in denen sie auch mit ihm sprechen konnte. Und wenn sie sich dann erschöpft in der Hütte gegenübersaßen und ihren Jausenteller verspeisten, kam endlich das Gefühl auf, das sie so lange gesucht hatte: »Ich bin eben doch sein Kind.«

Hans Brenner wollte nicht, dass seine Tochter in Telfs spielte. Sie durfte hinter den Kulissen mithelfen, als Assistentin oder bei der Requisite, aber nicht auf der Bühne. »Es war tabu, dass ich mitspiele.« Selbst als seine jüngste Tochter Cilli dort auftrat, war er bestrebt, Katharina fernzuhalten – mit Erfolg. »Cilli – das ist die Tochter von der Ruth, die darf das«, habe er gesagt. Da nützte es auch nichts, dass Katharina das Max Reinhardt Seminar besuchte – im Gegenteil, die Art von Theater, welche die berühmte Wiener Schauspielschule repräsentierte, war in Telfs nicht gefragt. Was Katharina Brenner damals nicht wusste und erst viel später erfuhr: Ruth Drexel hatte sich für sie eingesetzt. Sie führte meistens Regie und schlug Hans Brenner immer wieder vor, Katharina in das Ensemble aufzunehmen. Doch gegen sein kategorisches »Nein« konnte sie sich damals nicht durchsetzen. Erst nach dem Tod ihres Vaters war der Weg zu den Tiroler Volksschauspielen für Katharina Brenner frei. »Von einer ganz anderen Seite kennengelernt habe ich die Ruth nach seinem Tod. Das waren zwei verschiedene Menschen, die Ruth vor dem Tod meines Vaters und die Ruth nach seinem Tod.« Wie es zu ihrer ersten Zusammenarbeit mit Ruth Drexel kam, weiß sie noch genau: »Ich war in Mönchengladbach engagiert, saß in der Garderobe, plötzlich ging die Tür auf, und Ruth und die große Kathi standen vor mir. Sie hatten sich die Aufführung,

irgendein Shakespeare-Stück, angesehen. ›Jetzt machen wir was miteinander!‹, sagte Ruth.« Im Januar 2001 stand Katharina Brenner zum ersten Mal auf der Bühne des Münchner Volkstheaters. Sie spielte die Rolle der Molly Griesinger in Ruth Drexels Inszenierung von Frank Wedekinds *Der Marquis von Keith*. Als ihr Traum endlich in Erfüllung ging, war sie sehr nervös. Doch noch schlimmer war es, als sie im Sommer zum ersten Mal in Telfs mit von der Partie war. Auch wie es dazu kam, weiß sie noch genau: »Ich war bei Ruth in Feldkirchen, sie war oben im Bad und rief plötzlich: ›Mei, Kathi, der Teufel, der kann doch auch weiblich sein?‹« Sie habe zwar gewusst, dass sich Ruth Drexel gerade mit der Komödie *Die Teufelsbraut* von Franz Kranewitter beschäftigte, und zugestimmt, doch nicht geahnt, dass sie etwas damit zu tun haben würde. »So, kannst du dir das vorstellen?«, habe Ruth Drexel weitergefragt. »Und außerdem: Du musst nicht Tirolerisch reden. Der Teufel redet Hochdeutsch!« So glücklich Katharina Drexel über diesen Einstand in Telfs war, so groß war die Panik. »An dem Ort, an dem der Papa sozusagen als Heiliger verehrt wird, sollte ich jetzt auch noch eine Männerrolle spielen. Wie sollte das gehen?« Es ging wunderbar, und sie war in den kommenden Jahren fast immer mit dabei.
Das war auch Josef Hader, der dort mit seinem Kabarettprogramm auftrat und sich jedes Jahr aufs Neue auf den Sommer in Tirol freute. Die Familie Drexel-Brenner übte eine große Anziehung auf ihn aus. »Eine Künstlerfamilie, das ist ein Mikrokosmos, ein System, das ist großartig.« Besonders faszinierte ihn die Dynamik, die darin zu finden war: das gegenseitige Sich-Ermutigen, Kritisieren, Weiterbringen, Inspirieren. »Es war für mich interessant, diese Dinge zu beobachten, weil ich so etwas nicht kannte und kenne. Ich bin

weder in einer Künstlerfamilie groß geworden noch habe ich jetzt eine.«

Anders empfand es Wolfgang Maria Bauer, der gern am Münchner Volkstheater spielte und inszenierte, sich jedoch von den Tiroler Volksschauspielen fernhielt. »Sie haben mich zwar gefragt, aber das war mir zu eng, da wollte ich nicht dabei sein. Für mich hatte das schon eine Ähnlichkeit mit der Fassbinder-Nummer. Damals habe ich gerade ein Fassbinder-Stück inszeniert und Parallelen gesehen. Nicht in der Grausamkeit, überhaupt nicht, aber in der engen Verbundenheit der Menschen miteinander – wie in einer großen Familie. Es war aber keine Abhängigkeit von der Ruth, sondern eine Zielrichtung auf sie. Sie war der Stern in der Mitte, und auch der Hansi war auf sie gezielt, nicht umgekehrt. Hansi war nicht das Zentrum, das Zentrum war schon die Ruth.«

Ruth Drexel war das Zentrum der Künstlerfamilie, die sich alljährlich im Juli und August in Telfs einfand, um zusammen zu arbeiten und viel Zeit miteinander zu verbringen. Und sie war das Zentrum der Patchworkfamilie Drexel-Brenner. »Wir waren immer alle in Telfs«, berichtet Katharina Adami. »Es wurde darauf geachtet, dass sich immer wieder alle trafen. Bei uns ist Familie ganz ganz wichtig gewesen – in der weiteren Definition als Patchwork. Ich weiß nicht, ob das damals schon normal war.«

Zur Orientierung hier ein kurzer Überblick über die Geschichte der Patchworkfamilie, die sich aus den Familienzusammenhängen formiert hat, in denen Ruth Drexel und Hans Brenner gelebt hatten: Ruth Drexel heiratete 1955 Michael Adami, den sie während ihrer Ausbildung auf der Otto-Falckenberg-Schule kennengelernt hatte. 1956 wurde ihre Tochter Katharina geboren. Hans Brenner heiratete 1964

Susanne Kappeler, eine Schweizer Schauspielkollegin. Im selben Jahr wurde die Tochter Katharina geboren. 1969 folgte Stephanie, 1971 Anna Therese. Anfang der 1970er trennte sich Ruth Drexel von ihrem Ehemann. Ende der 1960er Jahre hatte sie Hans Brenner in Berlin kennengelernt, 1969 spielten sie zusammen an der Schaubühne am Halleschen Ufer. In der Feldkirchner Kommune, die die beiden Anfang der 1970er Jahre gründeten, lebte anfangs auch Monica Bleibtreu, die mit Hans Brenner eine Liebesbeziehung hatte, aus der der gemeinsame Sohn Moritz hervorging. Er wurde 1971 geboren. Im selben Jahr wie Anna Therese, die Tochter von Hans Brenner und seiner Ehefrau. Susanne Kappeler lebte mit ihren drei Töchtern zunächst in der Nähe von München und dann in Augsburg. Monica Bleibtreu verließ die Wohngemeinschaft, als ihr Sohn ein Jahr alt war, ging mit ihm nach Hamburg und brach den Kontakt ab. Nachdem 1975 die gemeinsame Tochter von Ruth Drexel und Hans Brenner, Cilli, geboren wurde, löste sich die Feldkirchner Kommune auf. Von diesem Zeitpunkt an lebten Ruth Drexel, Hans Brenner und Cilli als Kleinfamilie miteinander.

Wolfgang Maria Bauer berichtet, er sei Moritz Bleibtreu bei Dreharbeiten begegnet, ohne zu wissen, dass es sich bei ihm um Hans Brenners Sohn handelte. »Irgendwann erzählte er mir, dass der Brenner sein Vater sei, der ihn und seine Mutter verlassen habe, und dass er nichts mit ihm zu tun haben wolle. Eine halbe Stunde hab ich ihn schimpfen lassen, bis ich irgendwann sagte: ›Moritz, schade, dass du nicht weißt, wer dein Papa ist. Einer der Größten, die ich kenne. Dir entgeht echt viel.‹ Es bestand kein Kontakt zwischen den beiden. Die Ruth hat immer versucht, zu vermitteln und die beiden zusammenzubringen.« Erst als Hans Brenner schon schwer krank war, besuchte ihn Moritz. Über die späte Annäherung von Vater und Sohn am Sterbebett war 1998 in vielen Zeitungen zu lesen.

Alle fünf Kinder Hans Brenners sind zum Theater oder Film gegangen. »Das war ein ganz hartes Ding für ihn, dass wir alle dasselbe machen – auch meine beiden kleinen Schwestern«, erklärt Katharina Brenner. »Bei mir hat er ganz besonders gehofft, dass ich mich für etwas anderes entscheide, und war dann natürlich auch besonders enttäuscht von mir. Er hat das Theater als Berufsort nicht unbedingt als das große Mekka eingeschätzt, er hatte ein etwas verkrachtes Verhältnis dazu, obwohl er es mit Leib und Seele gemacht hat. Es war paradox. Wir sind nie dahintergekommen.«

Ruth Drexels Tochter Katharina ist als Einzige einen anderen Weg gegangen und trotzdem eng mit dem Theater verbunden geblieben. Auch für ihre Arbeit beim Fernsehen waren die häuslichen Diskussionen hilfreich. »Ich bin Quereinsteigerin. Wenn ich in Seminare gehe über Bildgestaltung und Aufbau von Storys mit irgendwelchen Wendepunkten, um die Leute beim Schirm zu behalten, dann merke ich, das ist das Paket, das ich von zu Hause mitbekommen habe. Das musste ich nicht extra lernen. Und auch wenn ich eine Inszenierung sehe, habe ich nicht nur das mulmige Gefühl, das hat mir aber jetzt nicht so gefallen, sondern mir fällt auch gleich etwas ein, wie ich es anders machen könnte. Das geht wahrscheinlich auf die Jahre zurück, die ich am Küchentisch verbracht habe, wo über solche Dinge gesprochen wurde. Ich habe erlebt, dass vieles halt Handwerk ist. Ja, und ich kann unterscheiden: Das ist jetzt Pflicht, das ist ganz ordentlich, und das ist die Kür, das ist wirklich großartig.«

Geblieben ist auch die rege Beziehung zu ihrer Schwester und zu Hans Brenners Töchtern. »Familie ist immer noch wichtig für uns, insofern haben wir alle ein enges Verhältnis zueinander. Wenn ich nur für mich spreche: Ich komme aus dieser Familie und bin geprägt von dieser Familie. Meine Weltsicht ist geprägt davon, mein Anspruch, mein Bedürfnis, zu lachen. Und es geht ja weiter: Ich sehe das jetzt bei meinen Kindern, dass sie Gott sei Dank auch einen sehr guten und grässlichen Humor haben. Das ist wunderbar. Meine Mutter ist eine tolle Ahnin. Und Mathilde, Cillis Tochter, redet wie ein Buch, will immer vorgelesen bekommen, macht mir einen grässlich intelligenten Eindruck – also, das Kind gehört zur Familie!«

Dass es bei ihnen zu Hause anders zuging als in anderen Familien, hatte Katharina Adami schon sehr früh erfahren. Das Leben, das ihre Mutter führte, unterschied sich stark von dem der Mütter ihrer Mitschüler. Von 1957 bis 1959 war Ruth Drexel Mitglied des Berliner Ensembles und auch in den kommenden Jahren viel unterwegs. Dann kümmerte sich die Großmutter um Katharina. Auf den Beistand ihrer Mutter konnte sie sich immer verlassen, besonders was die Schule betraf. Ihre Schulverweise seien auf dem Klo aufgehängt worden, erinnert sich Katharina Adami. Respekt vor Lehrern, nur weil sie Lehrer waren, war ihrer Mutter fremd. Im Zweifelsfall seien nicht die Kinder, sondern die Lehrer »die Doofen« gewesen. Ruth Drexels Erziehungsziele waren Selbstbewusstsein und Selbstständigkeit. Sie hatte erfahren, dass beides unerlässlich war, um sich als Frau durchzusetzen und einen eigenen Weg zu gehen. Dazu ermutigte sie ihre Töchter von Anfang an.

Als leidenschaftliche Leserin wollte sie auch ihre Töchter zum Lesen anregen, traf jedoch nicht immer deren Geschmack. Katharina hing nicht an den Büchern, die sie ihr geschenkt hatte. Cilli fühlte sich überfordert, als sie schon mit acht oder neun Jahren eine Weltliteratur-Sammlung bekam, die unter anderem Werke von James Joyce, Melville, Cervantes und E.T.A. Hoffmann enthielt. »Sie hat sie mir geschenkt, weil sie selbst schon früh mit dem Lesen der Bücher ihrer Eltern begonnen hat: heimlich unter der Bettdecke mit Taschenlampe – da war sie noch ein Kind. Deswegen hab ich als Kind Weltliteratur geschenkt bekommen und versucht, *Moby Dick* zu lesen. Ich bin ungefähr bis Seite 9 gekommen, habe das Buch dann zugeklappt und gesagt: ›Ich bin zu blöd, ich kann das nicht.‹ Das konnte meine Mutter überhaupt nicht verstehen, weil sie als Kind schon diese Wahnsinnsliteratur gelesen hat. Bei mir führte es zu einer Lesephobie. Ich hab eine Zeit lang überhaupt nichts gelesen und dann irgendwann wieder angefangen – da war ich aber schon viel älter – mit Michael Endes *Unendlicher Geschichte*.«

Später, als Erwachsene, lagen Interessen und Geschmäcker der Mutter und ihrer Töchter nicht mehr so weit auseinander – weder in der Literatur noch im Theater noch im Film. »Wir haben uns mit großem Spaß und großer Hingabe alle zusammen *Die Sopranos* angeschaut«, erinnert sich Katharina Adami. »›Ein Königsdrama‹, hat meine Mutter gesagt. Ich glaube, wir hatten den gleichen Geschmack.« Protagonist der amerikanischen Serie, die ab Frühjahr 2000 im deutschen Fernsehen zu sehen war, ist der amerikanische Mafioso Tony Soprano aus New Jersey, der in eine Art Midlife-Krise gerät, die dramatische Züge annimmt und sich in Panikattacken und Gedächtnislücken äußert. Den Besuch einer Psychotherapeutin, zu dem er sich durchgerungen hat, hält er vor seinen Mafiakollegen geheim. Gleichzeitig verschweigt er der Therapeutin seinen eigentlichen »Beruf«, was zu unfreiwillig komischen Dialogen führt. Der subtilen Sichtweise der Psychoanalyse stehen die brachialen Gesetze der kriminellen Organisation gegenüber und scheinen sich manchmal hervorragend zu ergänzen. Vor allem wenn es darum geht, innerhalb des Familienclans die tatsächlichen Machtverhältnisse zu verschleiern. Tony Soprano ist aber nicht nur gezwungen, sich mit der großen Mafiafamilie auseinanderzusetzen, sondern hat auch mit seiner kleinen zu kämpfen: Seine selbstbewusste Frau – eine tiefgläubige Katholikin – durchschaut ihn und ist klug genug, ihn das nicht merken zu lassen. Im Gegensatz zu seiner ehrgeizigen Tochter ist sein Sohn träge und antriebslos – kein geeigneter Nachfolger im Familienclan. Die größten Konflikte muss Tony allerdings mit seiner Mutter austragen, die sich zunächst weigert, in ein Seniorenheim zu gehen. Schließlich gelingt es Tony, sie dazu zu überreden, doch das erleichtert nicht, wie er gehofft hatte, die Beziehung zu ihr, die immer wieder Gegenstand seiner Therapiesitzungen ist. Tony handelt in fast jeder Hinsicht politisch unkorrekt. Er hat zahlreiche Affären und ist bei der Wahl seiner Geliebten weder wählerisch noch diskret. Geschäftliche Auseinandersetzungen löst er meistens gewaltsam und schreckt bei unüberwindlichen Differenzen vor Mord nicht zurück. Dieses Mittel wird auch bei der Nachfolgeregelung innerhalb seines Clans praktiziert.

»Was mich daran so interessiert hat, war ja eigentlich das Drama des mittelständischen Unternehmers in der Globalisierung«, erklärt Katharina Adami. »Ich fand diesen Aspekt so gut getroffen. Es geht zwar um die Mafia, aber die Probleme sind: unfähige Mitarbeiter, die man nicht kündigen kann, fremde Konkurrenz, die nach ganz anderen Spielregeln spielt, Probleme bei der Unternehmensnachfolge. Und: Auf der

einen Seite ist es sehr komisch, auf der nächsten Seite furchtbar böse. Es hat ja teilweise etwas von Splatter-Movie.«
In Amerika gehören *Die Sopranos* zu den populärsten Serien aller Zeiten. In Deutschland konnten sie an diesen Erfolg nicht anknüpfen und wurden bald ins Nachtprogramm verbannt, um schließlich ganz aus dem Fernsehen zu verschwinden. Auf den ersten Blick scheinen sie wenig mit den deutschen Fernsehserien zu tun zu haben, in denen Ruth Drexel mitwirkte. Doch auf den zweiten Blick zeigt sich eine Verwandtschaft mit einzelnen Figuren und Aktionen, zum Beispiel mit der geldgierigen Paula aus der *Freiheit*, die in ihrem Gasthaus im Münchner Schlachthofviertel ungewöhnliche und unkorrekte Methoden einsetzt, um sich gegen unliebsame Konkurrenten durchzusetzen. Darin wird sie von Resi Berghammer sogar noch übertroffen. Auch diese nimmt die Dinge gern selbst in die Hand und ignoriert skrupellos die staatliche Ordnung, wenn diese im Gegensatz zu ihren Interessen steht. Im Land der »Amigos« will sie nicht deren Opfer sein, sondern mischt kräftig mit.
Eine Vorliebe für das Absurde, Schrille, Skurrile wird in der Wahl der Theaterstücke deutlich, die Ruth Drexel inszeniert hat. Genau diese Inszenierungen haben ihrer Tochter besonders gefallen, allen voran Wolfgang Deichsels *Frankenstein – Aus dem Leben der Angestellten*, in dem Katharina Adami selbst eine kleine Rolle übernommen hat. Wenn sie sich an die Valentin-Karlstadt-Stücke erinnert, die ihre Mutter mit Hans Brenner realisiert hat, gerät sie ins Schwärmen: »Das war so abgefahren, die Absurdität war einfach grenzenlos. Wunderbar. Großartig. Was auch großartig war: Nestroys *Häuptling Abendwind* mit Musik von Jacques Offenbach in Darmstadt. Alle haben getanzt und gesungen. Der Hansi als

Christine Ostermayer als Leonarda in *Liebe und Magie in Mammas Küche* von Lina Wertmüller, Regie Ruth Drexel, Münchner Volkstheater 1990

Häuptling der Papatutu – verkleidet als Indianerhäuptling. Wenn ich mich richtig erinnere, war der andere Häuptling meine Mutter: Häuptling Abendwind, der Sanfte. Und Peter Kern drohte, im Kochtopf des einen Häuptlings zu landen. Wunderbar. Ungeheure Glücksmomente. Das vermisse ich, wirklich, diese Art von hemmungslosem Humor.«
Den fand die Tochter auch in Lina Wertmüllers Stück *Liebe und Magie in Mammas Küche*, das Ruth Drexel 1990 am Münchner Volkstheater inszenierte. Auf die Frage der Journalistin Viola Roggenkamp, warum sie gerade dieses Stück ausgewählt habe, antwortete Ruth Drexel in der *ZEIT* vom 19. Januar 1990. »Erstens amal ist es ein Stück von einer Frau.« Es gehe der Autorin und ihr als Regisseurin darum, den Unterschied zwischen Männerwelt und Frauenwelt zu zeigen.

»Diese Leonarda ermordet drei ihrer Freundinnen, zerlegt die Leichen ganz säuberlich, wie sie's in der Küche am Hähnchen gelernt hat, und kocht die Leichen zu Seife. Zu dieser Zeit passiert dasselbe in Deutschland in den KZs. Sechs Millionen Juden. Fließband-Mord. – Die ist ja wahnsinnig, sagen die Leute über die Leonarda, und das wird auch das Publikum finden. Die Leonarda kommt ins Irrenhaus. Aber das andere, das ist Geschichte. Da kommt kein Mensch drauf zu sagen: Das war ja Wahnsinn, die müssen alle ins Irrenhaus.«

Lina Wertmüller kommt in ihrem Stück *Liebe und Magie in Mammas Küche* ohne Männer aus. Es ist Krieg. Die Männer sind als Soldaten draußen an der Front. Das Theater zeigt den Innenraum, den Raum der Frauen, Leonardas Küche. Neben Christine Ostermayer als Leonarda spielen unter anderem Enzi Fuchs und Lis Verhoeven. Diese drei wird man dreizehn Jahre später in einer Folge des *Bullen von Tölz* wiedersehen, die zu den Lieblingsfolgen Ruth Drexels gehörte: *Klassentreffen*. Darin geht es um ein 50-jähriges Jubiläumstreffen, das Resi Berghammer organisiert. Es findet im Pfarrheim statt; schon nach kurzer Zeit schlüpfen die älteren Damen in die Rollen, die man ihnen in der Schule zugewiesen hat. Es hat sich nicht viel verändert: Die ehemalige Mitschülerin, die schon damals von allen abgelehnt wurde, hat ihre Bosheit nicht abgelegt, sondern sogar noch kultiviert. Zur Freude der anderen verlässt sie das Treffen als Erste, sodass ohne sie unbeschwert weitergefeiert werden kann. Am nächsten Morgen ist der Schreck jedoch groß: Die ungeliebte Mitschülerin wird tot in der Badewanne ihres Hotels aufgefunden. Kommissar Berghammers Verdächtigenliste besteht aus einer Reihe exzentrischer Frauen, unter denen sich auch seine Mutter befindet. Bis heute schwärmen Enzi Fuchs, Christine

Ostermayer und Lis Verhoeven von den Dreharbeiten und kommen dabei auch auf die Proben zu *Liebe und Magie in Mammas Küche* zu sprechen, die ebenso vergnüglich waren. »Wir waren eine große Familie von Frauen«, erinnert sich Enzi Fuchs. »Da gab es keine Grabenkämpfe und kein Macho-Getue«, ergänzt Christine Ostermayer. »Wir haben lange probiert«, berichtet Lis Verhoeven. »Nicht ein einziger Mann war beteiligt, es gab Regieassistentinnen, und das Bühnenbild stammte von einer Frau. Nur Frauen. Christine Ostermayer brachte alle zwei, drei Tage Kuchen oder eine Torte mit. Wir haben am späten Vormittag begonnen und dann bis abends probiert, bis die Bühne für die Abendvorstellung gebraucht wurde. Es war sehr harmonisch. Das konnte sich keiner vorstellen: ›Nur Frauen – und das geht gut?‹, hieß es sofort, wenn ich davon erzählte. Wunderbar ging das.«

Längst nicht so begeistert wie die Akteurinnen war das Publikum. Es goutierte zwar die schauspielerischen Leistungen, tat sich aber mit Lina Wertmüllers italienischer Variante des schwarzen Humors schwer. Englischer schwarzer Humor wurde 2003 nach Telfs importiert: Die Tiroler Volksschauspiele zeigten Joan Littlewoods *Oh what a lovely war*, eine Revue aus den 1960er Jahren, in der Inszenierung von Cilli Drexel und Susi Weber. Auf Political Correctness jeder Art wird verzichtet. Mit Schamlosigkeit und Zynismus werden der Erste Weltkrieg, der Vietnamkrieg und die aktuelle politische Situation zur Kenntlichkeit entstellt. 1969 war das erfolgreiche Musical über den »entzückenden Krieg« von Richard Attenborough mit großer Starbesetzung verfilmt worden. Dass sich die Tiroler Volksschauspiele für die Revue entschieden, hatte vor allem politische Gründe: Der Irakkrieg galt zwar als beendet, hatte jedoch ein zerstörtes Land hinterlas-

sen. Man suchte nach adäquaten Darstellungsweisen, um die eigene Machtlosigkeit zu überwinden, und wählte das »satirisch-pazifistische Makabrical«, so der SPIEGEL im Januar 1965, mit dem die »englische Theateraktivistin« Joan Littlewood neuere englische Theatergeschichte geschrieben hatte. Katharina Adami erinnert sich: »Singen, Tanzen, Riesenkostüme. Der ganze Platz vor dem Rathaus in Telfs wurde bespielt. Es war eine grässliche Geschichte. Ich hab's geliebt. Und da hat meine Mutter so einen Maggie-Thatcher-Verschnitt gegeben. Meine Herren, war das großartig! Mit Kostümchen, Frisur, Schminke und mit ›British Accent‹. Es war einfach phantastisch.«
Es wäre spannend, von Ruth Drexel zu erfahren, wie sie mit der ungewöhnlichen und ungewohnten Rollenverteilung umging. Wie empfand sie es, unter der Regie ihrer Tochter zu spielen? Wahrscheinlich hätte sie gar nicht verstanden, worin das Problem liegen sollte. Sie war ein Profi, was bedeutete, dass sie ihren Part bei dem jeweiligen Projekt kannte und akzeptierte: Schauspielerin oder Regisseurin oder Intendantin. In diesem Fall bestand er darin, sich als Schauspielerin auf ihre Rolle zu konzentrieren und alles andere den zwei Regisseurinnen zu überlassen. Dass sie die Mutter einer der beiden war, war vermutlich nicht mehr als eine Fußnote.
»Ich hab sehr viel gelernt von meinen Eltern. Sie waren total prägend für mich«, bekennt Cilli Drexel. »Ich hab lange gekämpft, ob man diesen Beruf überhaupt ausüben kann, wenn man solche Eltern hat. Ihre Lebensarbeitsleistung ist ja nicht nur beeindruckend, sondern fast erdrückend.« Längere Zeit sei sie nicht sicher gewesen, ob sie innerhalb des Theaterbereichs bleiben sollte. Zuerst habe vieles dagegen gesprochen, doch dann habe sie auf einmal das Gefühl gewonnen:

»Ja, das geht. Es geht, aber an anderen Orten. In München hab ich nie gearbeitet, weil die Stadt für mich so extrem mit ihnen verbunden ist. In München bin ich immer die Tochter von Ruth und Hans. In Hamburg war ich das nie. Ein paar Dramaturgen oder einige von meinen Lehrern wussten natürlich schon, aus welcher Ecke ich komme, aber das stand nicht zur Debatte. Das war einfach nicht interessant. Für mich war der Schritt, so weit weg zu gehen, sehr wichtig. Viele Kilometer weit weg, um mich selber zuzulassen, ohne dauernd den Vergleich anstellen zu müssen. Das kann man sich abschminken, das tut einem nicht gut. Damit hab ich meinen Frieden gemacht, aber es hat schon gedauert.« Nachdem sie erkannt hatte, dass sie Distanz brauchte, setzte zunächst ein Prozess ein, den sie beinahe als absurd empfand: »Eigentlich wollte ich diese Distanzierung gar nicht, und meine Familie wollte sie auch nicht – wie waren viel zu gern zusammen –, aber ich wusste, als Kind und als Künstler musst du irgendwann raus.« Da halfen auch keine Gegenbeispiele. »Natürlich geht es auch anders. Die Thalbachs haben eine Produktion gemacht mit Mutter, Tochter, Enkelin und Halbbruder, aber für mich kam das nicht infrage. Für mich war es wichtig, dass ich es allein mache.«

9
Chefin

»Sie hat kein Nein akzeptiert.«

Mutter, Ratgeberin, Sklaventreiberin, Psychiaterin, Frau Häuptling, Alphatier – die Bezeichnungen für Ruth Drexels Position innerhalb ihrer großen Künstlerfamilie sind phantasievoll. Eine »Meisterin des dialektischen Denkens« wird sie von Ottfried Fischer genannt. Eine »Meisterin der Dialektik und der Didaktik«, ergänzt Werner Asam. Und der ehemalige Münchner Oberbürgermeister Christian Ude lobt Ruth Drexels Qualitäten als »Politikerin«: Sie habe neben ihren künstlerischen auch immer politische Wertvorstellungen gehabt und sei »sehr wirkungsvoll und nachdrücklich für deren Realisierung« eingetreten. »Sie war ein sehr politischer Mensch mit einem ausgeprägten Gerechtigkeitssinn«, sagt Silvia Wechselberger, »im Beruf und im Leben. Sie hat nicht einfach so dahingelebt, sondern sich über alles Gedanken gemacht, nicht nur über das, was das Theater betraf. Wenn jemandem eine Ungerechtigkeit widerfahren ist, hat sie sich aufgeregt und für ihn eingesetzt. Einfach weil sie sich zuständig gefühlt hat.«
Auf den Punkt bringt es ihre Tochter Cilli: »Sie war der Chef! Mein Vater würde sagen, sie war die Chefin. Ich würde sagen, sie war der Chef. Denn meine Mutter hat als Regisseurin und als Leiterin des Theaters und überhaupt durchaus mit männ-

lichen Kampfmethoden gearbeitet. Sie hat Entscheidungen gefällt, sie hat auf den Tisch gehauen, sie hat gesagt, so und nicht anders, sie hat die Leute niedergemäht, wenn es sein musste. Was man von außen als männliche Verhaltensweise interpretieren würde, hatte sie drauf.«

Als die emanzipierteste Frau, die er je kennengelernt habe, charakterisiert sie Ottfried Fischer und führt in seiner Autobiografie aus: »Ihre Art, emanzipiert zu sein, resultierte aus einer ihr eigenen gehörigen Prise Machiavellismus, der die Menschen einteilte in wenige Gleichwertige, also auf Augenhöhe befindliche, klare Untergeordnete und Unwichtige, die je nach Bedarf rekrutiert wurden. Um solchen Unsinn, wer im Falle der Gleichberechtigung wem die Tür aufhalten muss oder nicht, ging es nie. Entscheidend allein war für sie der Nutzen der Emanzipation. Eine modernere, klarer und schärfer denkende Frau hab ich nie kennengelernt. Sie war der Inbegriff einer emanzipierten Frau, sie war Frau.«

Für Gregor Bloéb war es angenehm, dass es nie eine Geschlechterdiskussion gegeben hat, wie es zeitweise am Theater üblich war. »Diesen Ball hat die Ruth nie gegen mich ausgespielt. Sie war eine wirklich emanzipierte Frau, die nicht über die Frauenquote gequatscht hat oder mit irgendwelchen Bestimmungen dahergekommen ist. Das hatte sie nicht nötig. Sie hat nicht groß darüber geredet, sie hat es einfach gemacht. Sie hat ja auch als erste Frau am Resi Regie geführt. Sie war überhaupt ein Mensch, der Dinge einfach gemacht hat. Ich hab die Arbeit mit ihr geliebt.« Das bedeutet allerdings nicht, dass die Zusammenarbeit immer nur harmonisch gewesen ist. »Einmal sind wir zusammengekracht«, erzählt Gregor Bloéb. Er sei auf der Bühne ausgeflippt, habe sein Kostüm zerrissen und sei in die Garderobe gerannt. An Details könne er sich jedoch nicht mehr erinnern. Cilli Drexel war damals dabei, als der »wilde Jungspund« bei der ersten Bühnenprobe mit Kostüm einen Wutanfall bekam, weil er alles schrecklich fand. »Sein Tobsuchtsanfall führte zu einem Tobsuchtsanfall bei meiner Mutter. Dann ist sie hinter ihm hergelaufen, meine nicht mehr ganz so junge Mutter hinter diesem jungen wilden Tiroler Bergsteiger. Das war sehr lustig. Handgreiflich ist sie aber nie geworden.« Die gute Beziehung zwischen Schauspieler und Regisseurin hat diese Episode nicht getrübt. »Ich habe sie als Regisseurin geliebt«, bekräftigt Gregor Bloéb. Durch sie habe er die Zusammenarbeit mit Frauen schätzen gelernt. Auch in seiner späteren Intendantenzeit beim Festival Theatersommer Haag habe er am liebsten mit Frauen zusammengearbeitet, egal in welcher Funktion: Regisseurinnen, Dramaturginnen, Assistentinnen. »Das hat jetzt nichts mit Macho-Gehabe zu tun – im Gegenteil.«

Überhaupt nicht als Feministin empfunden hat Silvia Wechselberger Ruth Drexel. Sie habe zwar viel für die Gleichberechtigung getan, sowohl am Münchner Volkstheater als auch bei den Tiroler Volksschauspielen, aber diese Haltung nie vor sich her getragen. Eine Vorreiterin sei sie gewesen und als solche auch in der Kulturszene wahrgenommen und akzeptiert worden. »Sie hat nicht mal eben netterweise ein Stück inszenieren dürfen, sondern man hat sich gefreut, wenn man sie dafür gewinnen konnte. Zu ihr als Intendantin hat man aufgeschaut. Alle haben erkannt, dass sie eine fachliche Koryphäe war. Sie war hart, wenn es um ihre Arbeit ging. Da gab es keine Halbheiten, da war sie sehr, sehr anspruchsvoll. Und etwas anderes war sie noch: Sie war unglaublich bescheiden.« Sie habe an ihr Team hohe Ansprüche gestellt, doch die allerhöchsten an sich selbst und bis zum Umfallen gearbeitet. »Bis sie zufrieden war, da gab es kein Pardon.« Die Selbstverständlichkeit, mit der Ruth Drexel agierte, war das, was Katharina Thalbach sofort für sie einnahm. »Das hat uns sicher auch verbunden, dass das Thema Emanzipation nicht der entscheidende Punkt war oder ständig im Vordergrund stand. Sie war eine der ersten Frauen, die sich an das Regiemetier gewagt hat. Das muss man wirklich betonen. Heute wird das leicht vergessen. Damals, als ich angefangen habe, war das überhaupt noch nicht selbstverständlich. Und Ruth hat ja noch zehn Jahre vor mir angefangen. Es war sensationell, wie sie da in diese Männerwelt reingegangen ist, ohne die Emanze herauszukehren. Sie ist aus der Schauspielerei heraus einfach der Sache, dem Theater zuliebe in diese Arbeit hineingesprungen.« Das bestätigt Barbara Herold, eine andere Regisseurin, die unter Ruth Drexel am Münchner Volkstheater und in Telfs inszeniert hat. »Sie hatte nie diese Attitüde, sie müsse sich gegen die Männer durchsetzen, sondern es war eben völlig normal. Sie hat kein Feindbild aufgebaut. Sie hat getan, was sie für richtig hielt.« Sie hatte es nicht nötig, ihren Schritt ins Regiefach zu begründen, er erfolgte zwangsläufig. Fragen wie »Haben Sie Probleme als Frau in diesem Männerberuf? Wie kommen Sie damit zurecht?« empfand sie als absurd. »Sie war eine wahnsinnig direkte, irrsinnig komische, also humorvolle und sehr gescheite Person. Das sind eigentlich die drei Haupteigenschaften, die mir bei ihr einfallen«, schwärmt Katharina Thalbach. »Ihr war am liebsten, wenn die Leute geradeaus und bei sich waren. Sie brauchte auch nicht ständig Bestätigung wie viele ihrer männlichen Kollegen. Sie hat sich selbstverständlich um ihre Leute gekümmert. Sie war sehr großzügig, ich meine nicht mit Geld, sondern mit Geben.«

Gerade für junge Schauspieler wie Gregor Bloéb war es sehr wichtig, am Theater in eine Art Familienverband aufgenommen zu werden. Ruth Drexel war sich der Verantwortung, die sie für ihr Ensemble hatte, stets bewusst. Es galt, alle und alles zusammenzuhalten, im besten Sinne Familie zu sein, also einen Schutzraum zu bieten. »Sie war als Chefin eine, der es ganz wichtig war, dass die Leute ihren Arbeitsplatz behalten. Sie hat jeden Abend im Volkstheater angerufen und nach der Auslastung gefragt. Diese Verantwortlichkeiten hat sie ganz ganz ernst genommen«, betont Katharina Adami. Silvia Wechselberger ergänzt: »Sie hat sich um alle Menschen gesorgt, die in ihrer Obhut waren, und hat sie beschützt. Immer. Auch wenn sie anderer Meinung war, ist sie für sie eingestanden. Ich kann mir gar nicht vorstellen, dass es etwas gab, für das sie kein Verständnis hatte. Man hat ihr nicht viel erklären müssen, das meiste hat sie sofort durchschaut. Sie war immer offen und konnte sich gut in die Menschen hineinversetzen.«
Dass sie Menschen nicht verändern wollte, sondern so nahm, wie sie waren, hat Gregor Bloéb besonders beeindruckt. Auch wenn jemand nicht ins Schema passte, glaubte sie erst einmal an ihn. Dadurch aktivierte sie etwas, was ihn zu erstaunlichen Leistungen befähigt hat. »Eine soziale Einstellung hat sie gehabt und voll durchgezogen. Da hat sie sich nicht beirren lassen. Sie hat die Menschen so sein lassen, wie sie eben waren, und sich nicht in ihr Leben eingemischt. Wenn jemand schwierig war, hat sie das akzeptiert und ihm eine Chance gegeben. Dabei sind tolle Sachen entstanden. Und sie hat sie mitgezogen. Sie haben bei ihr immer Platz gehabt. Heutzutage würde das vermutlich nicht mehr funktionieren. Der heutige Betrieb verlangt viel mehr Anpassung.«

Gregor Bloéb als Jakob (links) und sein Bruder Tobias Moretti als Niklas in *Drachendurst* von Felix Mitterer, Regie: Kurt Weinzierl, Uraufführung Tiroler Volksschauspiele Telfs 1986

Ruth Drexel war nicht bereit, als Chefin ein hierarchisches System aufzubauen, dessen Berechtigung ihr nicht einleuchtete. Ihre eigene Theatergeschichte widersprach einer solchen Haltung. Sie war geprägt vom Brecht-Theater und hatte verschiedene Mitbestimmungsmodelle kennengelernt: So war die Schaubühne einst als Theaterkollektiv gegründet worden, in dem alle Mitarbeiter gleichberechtigt und sämtliche Hierarchien abgebaut worden waren. Ruth Drexel hatte eins der renommiertesten deutschen Theater, die Münchner Kammerspiele, verlassen, weil ihr die Einflussnahme der städtischen Politik auf die Theaterleitung unerträglich war. Es war nur folgerichtig, dass sie daraufhin eine eigene Gruppe ins Leben rief. Im Vordergrund stand ihre Auffassung von Theater, die sie realisieren wollte. Wenn das an den etablierten Häusern nicht möglich war, musste sie sich eben selbstständig machen. Darin ähnelte sie einer anderen berühmten Theaterchefin: Ariane Mnouchkine, die 1964 das Théâtre du Soleil gründete, das noch heute in einer alten Munitionsfabrik, der »Cartoucherie« in dem Pariser Vorort Vincennes zu Hause ist. »Wenn man sich gemeinsam mit anderen engagiert, beispielsweise mit einer Theatertruppe, dann ist das ein kollektives Engagement und eine bestimmte Vision von Theater. Ich bin überzeugt davon, dass das Theater eine erzieherische Kraft, das heißt eine zivilisatorische Tugend besitzt«, erklärt Ariane Mnouchkine in einem Fernsehinterview. Auch Ruth Drexel verstand Theater als Medium, das auf die gesellschaftliche Realität Einfluss nehmen konnte und sollte. Daher war es wichtig, Maximen wie Gleichberechtigung und Selbstbestimmung auch innerhalb der eigenen Arbeit gelten zu lassen. »Schauspieler, Requisite, Garderobe, Technik – alle gehörten dazu, jeder machte seine Arbeit und war selbstverständlich ein zu schätzender und respektierender, gleichwertig zu behandelnder Mensch«, schildert Barbara Herold die Atmosphäre am Münchner Volkstheater. »Dabei hat Ruth stets Distanz gewahrt. Das war Ausdruck einer Wertschätzung, die sie anderen entgegenbrachte und für sich selbst beansprucht hat.« Eine Hierarchie habe insofern existiert, als Ruth Drexel eben die Chefin war, berichtet Sophie Wendt. »Und irgendwie gab es sie trotzdem nicht. Es gab die Nahbarkeit und die Unnahbarkeit, das war immer gleichzeitig da. Die Nahbarkeit war kein Privileg, sondern ein Geschenk.«

Die Großzügigkeit, mit der Ruth Drexel eine Vielfalt zuließ, hat Josef Hader beeindruckt. »Es hat nicht einen Drexel-Stil gegeben, der der Bestimmende war, sondern es sind auch immer andere Stimmen zugelassen worden. Ich hab selbst nie gespielt, wenn sie Regie geführt hat, also das Ganze immer nur von außen mitbekommen, aber ich hatte den Eindruck, dass sie jeden so sein hat lassen, wie er eben war – mit allen Eigenheiten, und dann geschaut hat, wie sie aus dem Bunten einen Teppich strickt.«

Cilli Drexel war dieser Teppich manchmal zu bunt: »Als Jugendliche habe ich immer künstlerisch argumentiert. Ich war nämlich diejenige, die immer in die Kammerspiele ging und in unserer Familie verschrien war, weil ich die Hochkultur nicht verabscheut habe.« Die zutiefst empfundene Verantwortung ihren Mitarbeitern gegenüber, die Ruth Drexel manchmal künstlerische Defizite akzeptieren ließ, hat ihre Tochter damals kritisiert. Ihre Kritik betraf sowohl die überragende Schauspielerin Ruth Drexel, mit der viele andere nicht mithalten konnten, als auch die Regisseurin und Intendantin. »Sie war da zu Kompromissen bereit, wo ich immer gesagt hab, du spinnst wohl. Mein Vater war genauso wie sie.« Die soziale Verantwortung habe bei ihren Eltern unangefochten im Vordergrund gestanden. »Das haben sie total ernst genommen. Wenn ich gesagt habe, ihr seid doch so große Künstler, das könnt ihr doch nicht machen, hat meine Mutter gesagt: ›Nein, das ist nicht die Priorität, das kann nicht die Priorität sein.‹ Es war für sie einfach uninteressant, irrelevant, Quark. Ich galt dann in der Familie immer als diejenige mit den spitzen Fingerchen, einfach nur, weil ich die beiden als ganz große Künstler empfunden hab und die Diskrepanz gesehen habe, die manchmal zu anderen Schauspielern deutlich wurde. Das war unser Privat-Familienfight.«

Der Kollektivgedanke hatte sich bei Ruth Drexel tief eingeprägt. Sie wusste, dass ein enger Zusammenhang besteht zwischen dem Zusammenhalt des Ensembles und der Qualität der Inszenierung. Und sie verstand sich in ihrer Rolle als Theaterchefin vor allem als jemand, der einen Raum schuf, in dem sich die Schauspieler entfalten konnten. »Wenn man Chef ist, muss man das eigentlich können, aber das können eben nicht viele«, weiß Cilli Drexel. »Als Chefin eines Theaters musst du erstens in der Lage sein, andere Regiezugänge und andere Lesarten zuzulassen, und zweitens in der Endprobenphase dem Team helfen, das zu befördern, was sie eigentlich wollen. Gute Chefs können das, schlechte Chefs können das nicht. Die können immer nur weitergeben, wie sie es machen wollen. Meine Mutter war eine gute Chefin. Sie saß ja auch in meinen Endproben, und da konnte sie das auch. Total gut sogar. Meine Mama war eine gute Guckerin. Sie konnte toll beschreiben. Sie hatte einen guten Riecher. Und sie konnte eben auch Sachen zulassen – pro domo. Sie hat immer fürs Haus gedacht. Das stand dabei im Mittelpunkt, nicht sie selber. Das war eine ihrer wahnsinnig großen Stärken.«

Wenn sie jungen Regisseuren Vorschläge machte, sei das immer »dramaturgisch hochintelligent« gewesen, berichtet Wolfgang Maria Bauer, der einige Stücke am Münchner Volkstheater inszeniert hat. »Sie hat natürlich auch mal ein Stück aus der Schublade rausgezogen, bei dem man gesagt hat: Ruth, das hätte es jetzt nicht gebraucht. Aber eigentlich war es immer so, dass sie vor dem Gespräch schon ganz genau wusste, was sie mir vorschlagen will und warum sie es mir vorschlägt. Wenn ich dann ins Detail gegangen bin mit ihr, wusste sie genauso gut Bescheid wie ich über die Charaktere und deren Stellung innerhalb des Stückes – ganz akribisch.« Trotzdem habe sie ihm immer völlig freie Hand gelassen. Erst

Ruth Drexel als Therese Pascolini in *Der Schatten eines Fluges* von Wolfgang Maria Bauer, Regie: Sewan Latchinian, Deutsche Erstaufführung Münchner Volkstheater 1997

zum Schluss und auf mehrfache Aufforderung kam sie, um sich einen Durchlauf anzuschauen. Ihre Anmerkungen leuchteten ihm meistens ein. Sie stellte ihm frei, ob er etwas ändern wollte. »Einfach wunderschön, harmonisch. Ich kann nichts anderes berichten.« Einen besonderen Höhepunkt innerhalb ihrer Zusammenarbeit bedeutete die Uraufführung seines Stückes *Der Schatten eines Fluges. Die Geschichte von Mathias Kneißl* im Februar 1997. »Sie hat die Mama vom Kneißl gespielt, und der Hansi war auch dabei. Ich war so stolz, dass er meinen Text gelernt hat. Es war toll, zu erleben, wie meine Schreibe aus Ruths Mund kommt.«

Der Rollenwechsel – von Intendantin zu Regisseurin zu Schauspielerin – ist Ruth Drexel nicht schwergefallen. »Wenn sie auf der Bühne mitgespielt hat, war sie sofort Kollegin und überhaupt nicht mehr Chefin«, staunt Veronika Eberl. »Sie war dann eigentlich die Komischste von allen und hat nichts ausgelassen. Und sie war extrem kollegial.« Mit ihrer selbstverständlichen Art, Chefin zu sein, kamen jedoch nicht alle Schauspieler zurecht. Sophie Wendt war irritiert davon, dass Ruth Drexel ihre Position so gar nicht demonstrierte. In der ersten Zeit habe die Theaterchefin wenig mit ihr gesprochen und selbst auch nicht ansprechbar gewirkt. »Ich sehe sie noch diesen schmalen Gang im Volkstheater entlanglaufen, irgendwie scheu. Das fand ich befremdend. Weil sie so eine Erscheinung war und dann aber doch so schüchtern. Das war irritierend. Ich dachte, sie ist doch schließlich die Chefin.« Als Sophie Wendt hörte, dass Ruth Drexel *Kasimir und Karoline* inszenieren wollte, hoffte sie auf eine Rolle. Direkt zu fragen, traute sie sich nicht, sondern wartete auf ein Wort der Intendantin. Als das ausblieb, nahm sie sich ein Herz, klopfte an ihre Tür, wurde hereingebeten; und dann standen sich zwei scheue Menschen gegenüber. Auf ihr Bekenntnis, dass sie gern in diesem Stück mitspielen würde, antwortete Ruth Drexel: »Das ist nett, dass Sie mir das sagen.« Sie schien überrascht zu sein, denn sie hatte die junge Schauspielerin nicht eingeplant. Sophie Wendt erhielt tatsächlich eine Rolle und lernte aus dieser Erfahrung etwas, was sie an ihre Kollegen weitergab: »Die Ruth ist jemand, zu der muss man hingehen. Mit der kann man reden, aber sie wird nicht zu dir kommen. Auch wenn es mal Probleme gibt, wird sie diese nicht selbst ansprechen. Das tut sie nicht. Man muss es selbst tun.«

Scheu, schüchtern, zurückhaltend sind die Eigenschaften, die Susanne Schulz sofort nennt, als es darum geht, ihre ehemalige Chefin zu beschreiben. Mehr als zwanzig Jahre hat sie mit ihr zusammengearbeitet. Anders als bei den Schauspielern auf der Probe ging Ruth Drexel bei ihrer Sekretärin mit Lob zurückhaltend um. »Ich hatte bereits zehn Jahre für sie gearbeitet, als mir ein Schauspieler sagte, dass sie meine Arbeit schätzt. Von ihr selbst habe ich es nie erfahren. Sie brauchte eine gewisse Distanz. Erst nach 23 Jahren hat sie mir das Du angeboten. Da hab ich gesagt: ›Ich weiß nicht, ob ich das jetzt noch hinkriege.‹« Gleichzeitig sei sie sehr direkt gewesen, was Susanne Schulz sehr schätzte. Man habe immer gewusst, woran man bei ihr war und man habe mit ihr ebenso offen umgehen können. »Sie konnte, wie man auf Bayerisch sagt, sehr ›gschert‹ sein, aber niemals zweideutig oder hintenherum. Das war eine ganz klare Sache bei ihr. Ich nehme auch an, dass wir deswegen so harmoniert haben, denn ich bin da ähnlich gestrickt. Sie war keine Taktikerin, sondern immer messerscharf und gerade – von sehr klarer Intelligenz.« Durch ihre hervorragende Menschenkenntnis habe sie die unter-

schiedlichsten Menschen zusammenbringen können. Alles schien immer sehr spontan zu geschehen, die theoretischen Überlegungen, die zweifellos stattgefunden hatten, blieben im Hintergrund. Sie behielt sie für sich. »Da ist noch etwas, was ich unbedingt erwähnen will«, ergänzt Susanne Schulz: »Sie war jemand, der kein Nein akzeptiert hat.« Es habe zu ihren Aufgaben als Sekretärin gehört, Schauspieler für eine Rolle anzufragen. Bei einer Absage wurde nicht locker gelassen, sondern weitergebohrt. Susanne Schulz erfuhr das einmal sogar am eigenen Leib, als sie von Ruth Drexel gefragt wurde, ob ihre siebenjährige Tochter nicht in *Liebelei* mitspielen könne. Susanne Schulz lehnte kategorisch ab: Ihre Tochter sei viel zu schüchtern, das würde niemals funktionieren. Doch damit gab sich Ruth Drexel nicht zufrieden, sondern schlug vor – oder ordnete an –, es doch einmal auszuprobieren. »Und es hat funktioniert, sehr gut sogar, und das Mädchen hat kolossal an Selbstbewusstsein gewonnen. Das war Ruth Drexels Verdienst«, resümiert Susanne Schulz. »Erst einmal probieren, und wenn es dann nicht geht, dann muss man es halt lassen – das war ihre Haltung. Sie war sich in den meisten Fällen relativ sicher, dass es richtig war, was sie sich ausgedacht hatte, und behielt meistens auch recht. Dass sie kein Nein akzeptiert hat, war eine große Qualität.«
Als eine weitere Qualität wurde Ruth Drexels unverwüstlicher Humor empfunden. »Mit der Ruth hab ich unglaublich viel gelacht« war ein Satz, der in fast jedem meiner Gespräche fiel. Durch ihren Humor sei sie mit vielen Schwierigkeiten fertiggeworden, meint Silvia Wechselberger, der ein Erlebnis unvergesslich geblieben ist, »das gut beschreibt, wie ihr Humor zugeschlagen hat und ihr und mir geholfen hat«: Früher habe es bei den Tiroler Volksschauspielen ein umfangreiches Rah-

menprogramm gegeben. Um besondere Künstler dafür ausfindig zu machen, sei sie mit Ruth Drexel nach München gefahren, um eine ihnen interessant erscheinende Produktion anzuschauen. Weil sie in Zeitnot gerieten, bekamen sie jedoch nur einen Teil der Vorstellung mit. Sie waren sich einig: Die zehn Minuten, die sie erlebt hatten, waren hervorragend, etwas ganz Spezielles. Sie engagierten die Gruppe vom Fleck weg, kurbelten in Tirol die Werbung an und luden einige Ehrengäste ein. Doch am Abend der Aufführung kam das böse Erwachen: Es stellte sich nämlich heraus, dass die zehn Minuten, die sie in München gesehen hatten, der beste Teil des Programms war und es sich danach nur so dahinschleppte. »Wir hatten für eine völlig unbekannte Truppe die Werbetrommel gerührt. Es wurde rammelvoll im Rathaussaal. 350 oder 400 Zuschauer waren gekommen, und zum Schluss blieben nur noch zehn übrig. Alle anderen waren nach und nach gegangen. Schrecklich, ein Desaster! Ich war am Boden zerstört, denn es waren Leute in die Vorstellung gekommen, die für das Fortbestehen der Volksschauspiele wichtig waren. Ich hatte es ihnen dringend ans Herz gelegt und dann so etwas.« Ruth Drexel wartete, bis Silvia Wechselberger mit der Abrechnung fertig war. »Dass sie hinter mir stehen würde, wusste ich. Das hat sie immer getan. Immer solidarisch – so wie nur ganz wenige. Sie saß draußen auf einer Bank vor dem Rathaus. Ich hab mich neben sie gesetzt. Auf einmal fängt sie an, hellauf zu lachen. Als ich sie groß anschaue, sagt sie: ›Sieh es doch mal von der Seite: Das hat all die Jahre noch niemand zustande gebracht, dass er unser Theater leer spielt.‹ Und in dem Moment ist alles von mir abgefallen, was ich sonst wahrscheinlich den ganzen Sommer mit mir herumgetragen hätte. Das ist doch wunderbar. Das werde ich mein Leben lang nicht vergessen.«

10
Arbeit

»Es machte Spaß, vor ihr zu spielen,
weil sie sich so freuen konnte.«

Noch bevor ich Veronika Eberl eine Frage stellen konnte, nannte sie zum Auftakt ein Ruth-Drexel-Zitat, das sie sehr beeindruckt hat: »Fähigkeiten verliert man, wenn man sie schont.« Davon war Ruth Drexel weit entfernt. Im Gegenteil, sie ließ ihre Fähigkeiten zur Entfaltung kommen, nicht selten alle auf einmal. »Spielen, Inszenieren, Intendantin sein, Frau und Mutter – unfassbar«, staunt Christine Ostermayer. Allein bei der Aufzählung werde ihr schon ganz schwindlig. Arbeit war für Ruth Drexel keine unliebsame Pflicht, sondern Lebensäußerung und Gestaltungsmöglichkeit. Sie war daran gewöhnt, aktiv zu sein. Nichts war ihr in den Schoß gefallen. Die Schauspielausbildung hatte sie sich erkämpft: An der Falckenberg-Schule angekommen, schickte man sie bald wieder nach Haus mit der Begründung, sie sei nicht reif genug. Beinahe umgehend, zum nächstmöglichen Termin erschien sie wieder und wurde diesmal aufgenommen. Sie hielt sich selbst nicht für besonders begabt, doch das war kein Hinderungsgrund. Wichtiger als das Talent erschien ihr der eigene Wille. Von Anfang an war er vorhanden und wurde immer stärker. Im Laufe ihres Lebens wurde ihre Auffassung, dass Begabung allein zu wenig ist, durch unzählige Beobachtungen bestätigt. Talent bedeutete für sie eine Aufforderung zur Arbeit, zum

Training. Motor war der Wille. Er entschied ihren Weg: Nicht die »jugendliche Liebhaberin« oder »Salondame« war das Rollenfach, das sie als junge, schöne, erotische Frau anstrebte, sondern die »Heldin«, die Charakterdarstellerin im Sinne der großen Therese Giehse. Das hat sie innerhalb kurzer Zeit geschafft, obwohl ihre Lehrer und Kommilitoninnen diese Zielsetzung anfangs absurd und unpassend fanden.

Ruth Drexels starker Wille bezog sich nicht nur auf ihre eigene Person, sondern auf die Gesellschaft, in der sie lebte und die sie als veränderbar betrachtete. Mehr noch, sie war von der Notwendigkeit dieser Veränderung überzeugt. Es ging ihr nicht darum, Karriere zu machen, ein Star zu werden, sondern das Theater als Mittel zu benutzen, Einfluss zu nehmen. Ganz in der Tradition Bertolt Brechts wollte sie die Bühne als einen Ort einrichten, an dem soziale Konflikte dargestellt und politische Machtverhältnisse durchschaubar gemacht werden. Doch dazu musste sie die etablierten Häuser hinter sich lassen. Wenn an den Universitäten Ende der 1960er Jahre »der Muff von 1000 Jahren unter den Talaren« angeprangert wurde, dann galt das ebenso für die Kostüme, die Ausstattung und den Geist des Staats- und Stadttheaters. Um den Staub abzuschütteln, mussten neue Räume erobert oder selbst geschaffen werden, zunächst in ihrer Kommune in Feldkirchen, wo zusammen leben und zusammen arbeiten nicht voneinander zu trennen waren. Später, als sie genug Erfahrung gesammelt hatte, machte Ruth Drexel das Münchner Volkstheater zu ihrem Labor, in dem sie das realisieren konnte, was sie unter dem Genre Volkstheater verstand. Außenstelle waren die Tiroler Volksschauspiele in Telfs, das alljährliche Sommerfestival, über das Sophie Wendt sagt: »Telfs war Anarchie pur. Da war die Ruth in ihrem Element.

Mit Schauspielern und Laien etwas auf die Beine stellen, was eigentlich unmöglich ist, frech und wild. Man hat sich die Nächte um die Ohren geschlagen, Feste gefeiert und war sich sehr nah. Es knüpfte an Zeiten an, die es gar nicht mehr gibt: Ich hatte so das Bild von Schaustellern, die um die Welt reisen.«

Lorenz Gutmann war fünfzehn Jahre lang am Volkstheater engagiert. Einen Höhepunkt bedeuteten für ihn die Valentin-Karlstadt-Abende mit Ruth Drexel und Hans Brenner. »Wir waren vier oder fünf Leute und sind dann mit dem Programm auch durch die Gegend gereist und in Wirtshäusern aufgetreten. Da sind wir uns nähergekommen. Die Zusammenarbeit war immer interessant, immer schön und immer lustig. Alle Leute, die dort gearbeitet haben – Technik, Licht, Requisite, Maske – haben am selben Strang gezogen. Viele sind bis heute miteinander befreundet.« Die Unstände, unter denen er Ruth Drexel kennengelernt hat, kommen ihm heute noch wie ein Märchen vor: Während seiner Ausbildungszeit an der Schauspielschule in Innsbruck fuhr er mit seiner Klasse nach München, um sich im Residenztheater *Mutter Courage* anzuschauen. Von der Hauptdarstellerin Ruth Drexel war er überwältigt. Da er wusste, dass einer seiner Verwandten Hans Brenner persönlich kannte, bat er ihn um dessen Adresse. Dann schrieb er Ruth Drexel einen Brief, in dem er seine Begeisterung kundtat. »Ja, und dieser Brief muss anscheinend irgendetwas bei ihr getroffen haben. Jedenfalls hat sie mich eingeladen, in Telfs bei dem Tiroler Volksschauspiel *Die Räuber am Glockenhof* mitzuwirken. Das war 1983. Ich werde den Anruf nie vergessen. Wenn man in der Provinz sitzt und das Telefon klingelt und die Frau Drexel ist dran … Da hat's mich fast umgehauen. So haben wir uns kennengelernt. Und

Martin Sperr als Wolf in *Die Räuber am Glockenhof* von Rudolf Brix, Regie: Ruth Drexel, Tiroler Volksschauspiele Telfs 1983

meinen Brief hat sie behalten. Sie hat gesagt, den schmeiß ich nicht weg.«
Es war die Telfer Aufführung des Stückes *Die Räuber am Glockenhof*, die für Hans Schuler berufsentscheidend war. »Weil ich mir gedacht hab, wenn man Theater so machen kann, dann ist das was für mich. So gut hat mir das damals gefallen. Hans Brenner, Hugo Lindinger und Martin Sperr haben mitgespielt. Die Ruth hat es inszeniert.« Es sei ihr gelungen, »die alte Moritat zwar mit Ironie und Distanz zu inszenieren, sie gleichzeitig aber doch ganz ernst zu nehmen, sodass das Publikum abwechselnd vor Lachen brüllte und vor Rührung schluckte«, berichtet der Autor Felix Mitterer über die »triumphale Produktion«. Was Hans Schuler in der Zusammen-

arbeit mit Ruth Drexel von Anfang an schätzte, war die Humorebene, auf der sie sich trafen. Da lag nicht nur eine gegenseitige Sympathie, sondern eine mentale Verwandtschaft vor. »Manchmal hat ein Blick genügt und wir haben zu lachen begonnen und wussten beide genau, warum. Der Rest wusste es nicht. Ruth hat sehr gerne gelacht, und zwar deutlich und laut.« Es sei nicht nur der deftige altbayerische und der schwarze valentineske Humor gewesen, der sie verbunden habe, darüber hinaus habe sie auch ein Faible für feinen, subtilen Humor gehabt und manchmal gelacht, ohne dass überhaupt jemand mitlachte, weil keiner wusste, warum. »So ist es ja auch beim valentinesken Humor. An einem Valentin-Karlstadt-Abend am Volkstheater ist das Publikum ziemlich genau zweigeteilt: Die eine Hälfte haut sich ab und schmeißt sich weg vor Lachen, die andere Hälfte sitzt mehr oder weniger teilnahmslos in der Vorstellung und kann mit diesem Humor gar nichts anfangen. Wir beide – die Ruth und ich – haben natürlich zu der ersten Hälfte gehört.« Als besonderen Vorzug empfand Hans Schuler Ruth Drexels Fähigkeit, über sich selbst und ihre eigenen Fehler lachen zu können.
Hellauf habe sie lachen können, wenn bei den Proben etwas besonders gut gelang, genauso wie sie ihren Ärger temperamentvoll kundtun konnte, wenn etwas nicht geklappt hat. Diese direkte Reaktion sei besonders wichtig gewesen, wenn sie mit Laien arbeitete. »Das tat sie gerne«, berichtet Silvia Wechselberger, »und die haben dann eine Profiqualität gehabt. Sie hat mit ihnen ja extrem intensiv gearbeitet. Eigentlich wie mit allen Schauspielern. Dadurch haben auch erfahrene Schauspieler bei ihr oft anders gespielt als sonst. Irgendwie hat man nie an Arbeit gedacht, sondern jede Sekunde genossen. Besonders gefallen hat es ihr, wenn die

Schauspieler eigene Ideen hatten und ihr etwas gezeigt haben.« Für Ruth Drexel war es keine Frage, dass Laienschauspieler »ohne Weiteres mit Profis auf der Bühne« stehen konnten. In ihrer Telfer Inszenierung der *Räuber am Glockenhof* habe sie mit den »begabtesten, lustigsten und intelligentesten Laienspielern« gearbeitet, schreibt sie in einem unveröffentlichten Manuskript. Besonders beeindruckt habe sie deren Fähigkeit, »mit ungeheurer Präsenz und ohne Augenzwinkern eine Rolle mit allen Konsequenzen zu spielen«.

»Sie konnte sich so freuen«, erinnert sich Enzi Fuchs, »und dann hat man sich selbst auch gefreut und weitergearbeitet. Man wollte ihr ja auch weiterhin eine Freude bereiten. Ich habe es besonders geliebt, wenn sie so geschmunzelt hat.«

Wenn ihr etwas gut gefiel, hörte sie nicht mehr auf zu lachen, ergänzt Susanne Schulz. »Sie hat dann wie ein kleines Mädchen gekichert.« Ruth Drexel habe eine Atmosphäre schaffen können, in der Schauspieler ihr gern vorspielten, bestätigt Barbara Herold. »Durch aktives Zuhören ist immer etwas entstanden. Ihr Namensvetter, der Tiroler Schauspieler Elmar Drexel, hat einmal gesagt: ›Es macht solchen Spaß, vor ihr zu spielen, weil sie sich immer so freut und so gern zuschaut und lacht – da fällt einem immer etwas ein.‹« Markus Völlenklee wundert sich: »Über bestimmte Sachen konnte sie jedes Mal wieder lachen. Dabei hat sie nicht kalkuliert gelacht. Es hat sie wirklich jedes Mal amüsiert.« »Bei der Arbeit konnte sie nicht lügen«, versichert Enzi Fuchs, »und wahrscheinlich auch sonst nicht, vielleicht hat sie mal eine Notlüge gebraucht. Sie war sehr sensibel und hatte gleichzeitig eine unheimliche Kraft. Obwohl sie die größte und bekannteste Schauspielerin von uns allen war, hat sie nie Dünkel gehabt.« Schwächere

Schauspieler habe sie nie spüren lassen, dass es ein Qualitätsgefälle gab, sondern mit viel Phantasie versucht, sie dorthin zu führen, wo sie sie haben wollte. »Sie hat wirklich Tolles geleistet, sie hat aus Leuten etwas rausgeholt, womit niemand gerechnet und was keiner so wie sie geschafft hätte. Ich glaube, sie hat ihnen einfach ihr Vertrauen geschenkt. So wie mir auch von Anfang an.«
Katharina Brenner erlebte eine Überraschung, als sie das erste Mal mit Ruth Drexel arbeitete: »Normalerweise gab es, wenn man mit ihr diskutierte, dieses Unerbittliche und dieses ›Nein!‹ und diesen Kampf und diese leichte Aggressivität. Man stand immer unter Druck, etwas leisten zu müssen. Bei den Proben überhaupt nicht. Da bin ich aus allen Wolken gefallen. Beim Proben war sie ganz vorsichtig, ganz höflich und hat immer geguckt, dass sie dich nicht mit irgendwas zuschüttet. Damit hatte ich nicht gerechnet. Es war für mich eine echte Entdeckung.« Damals habe sie zum ersten Mal verstanden, warum viele Leute von der Zusammenarbeit mit Ruth Drexel schwärmten. Sie habe niemanden bevormundet oder manipuliert. »Sie ist unten gesessen, hat sich das angeschaut, manchmal die Stirn gerunzelt und gemeint: ›Ich glaub', ich würd' es anders machen. Vielleicht so.‹ Es waren immer nur Vorschläge, die sie gemacht hat. Allerdings Vorschläge, die so bestechend waren, dass man sie sofort übernehmen wollte. Auch wenn sie nur angedeutet hat, wie man es spielen könnte. Es war immer einleuchtend.«
Wenn Ruth Drexel doch einmal stärker in die Proben eingriff und etwas vorspielte, hinterließ das einen bleibenden Eindruck, wie Gregor Bloéb verrät. In Anton von Buchers Stück *Fürwahr ein Schreckstern jedem ist der Sündflutgrund zu aller Frist*, das aus dem Jahr 1782 stammt und 1991 in Telfs uraufge-

führt wurde, spielte er den Gott Neptun. Während einer Probe befand er sich in einem Dilemma: Er sollte von einer Hexe verführt werden und tat sich schwer, entsprechend darauf zu reagieren. Obwohl sich die Schauspielerin in engem Ledertrikot und Domina-Zubehör alle Mühe gab, entstand nicht einmal ansatzweise eine erotische Situation. Ihm fiel nichts ein, er zeigte kein Engagement. »Da kam Ruth auf die Bühne«, berichtet Gregor Bloéb lachend. »Keine Ahnung, wie alt sie damals war, wahrscheinlich Anfang sechzig. Sie war jedenfalls für mich eine hehre Respektsperson. Sie kam auf die Bühne in einer weiten Jogginghose und einem Pullover voller Flecken, weil sie gerade etwas gegessen und sich dabei angesabbert hatte, und dann hat sie es uns vorgespielt, der Kollegin und mir. Sie hat mir regelrecht die Leviten gelesen – aber Hallo! Mir ist ganz anders geworden, und dabei habe ich erfahren, dass Erotik und Sexualität nichts mit Äußerlichkeiten zu tun hat, sondern etwas ist, was von ganz, ganz innen kommt. Es war ein sehr, sehr beeindruckendes Erlebnis, das ich bis heute erzähle, wenn Frauen über ihr Aussehen und ihre Ausstrahlung reden.«

Sophie Wendt staunt bis heute darüber, »dass Ruth auch so wild sein konnte. Hemmungslos! Sie hat sich – auf Bayerisch gesagt – nichts g'schissen.« Veronika Eberl bestätigt: »Die Ruth konnte vor Vergnügen quietschen. Ohne sich zu überlegen, passt das jetzt, wie schau ich dabei aus, was denkt sich der oder der.« Und Katharina Brenner bewundert ihre Fähigkeit, »Kopf und Bauch zusammenzupacken, also das, was man normalerweise immer trennt.« Daraus resultierte auch ihr »Hausverstand«, glaubt Silvia Wechselberger. »Sie hat Zusammenhänge – auch organisatorische und kaufmännische – sofort kapiert. Die Dinge von verschiedenen Seiten

betrachtet, anders aufgerollt, entdeckt, dass sie gar nicht so kompliziert sind – es hat immer hundertprozentig gepasst.« Markus Völlenklee gefiel ihr »Vertrauen auf handwerkliche Mittel. Sie hatte Spaß an der Analyse und suchte nach schlüssigen theatralen Umsetzungen, die sich den Zuschauern vermitteln. Keine Geniestreiche, kein Geheimnis, es sollte sichtbar bleiben. Sie war in der Arbeit immer sucherisch.«
Die solide handwerkliche Basis ihrer Inszenierungen schätzt auch Josef Hader. »Ruth Drexel war niemand, der irgendwelche Befindlichkeiten ausgetauscht hat. Sie hat gesagt: ›Ja, ordentlich.‹ Oder: ›Das gefällt mir besonders.‹ Und dann hat sie es handwerklich begründet. Das ist sehr angenehm gewesen und eigentlich eine Ausnahme. Wenn man sonst mit Künstlern redet, dann projizieren sie entweder etwas von sich oder ihre eigene Befindlichkeit auf ihr Gegenüber. Oder sie haben irgendeine Art von Begeisterung, mit der du nichts anfangen und die du nicht nachvollziehen kannst. Das ganz nüchterne, handwerkliche Gespräch ist eigentlich das Beste, was man in der Arbeit kriegen kann.«
Dass Ruth Drexel sehr direkt war, wenn ihr etwas missfiel, hat Veronika Eberl mehr als einmal zu spüren bekommen. »Bei einer Bühnenprobe habe ich herzhaft vor mich hin gegähnt. Plötzlich hat sie mich angeschrien: ›Vroni, was gähnst denn du so? Glaubst du, es ist schön, wenn man in gähnende Gesichter spricht?‹ Ich hab mich entschuldigt, denn sie hatte natürlich recht. Auch wenn ich müde war, musste ich ihr ja nichts vorgähnen. Sie war keine Frau der Umwege, sie traf immer genau den Punkt.« Das tat sie auch, als Veronika Eberl zum ersten Mal in Telfs spielte und neben ihrer Theaterarbeit noch Deutsch und Italienisch am Gymnasium unterrichtete. Zu ihrer Rolle gehörte es, mit anderen ein Lied zu singen, das

sie furchtbar fand: »Zipfel eini, Zipfel aussi« kam darin vor. Sie weigerte sich schließlich mit der Begründung, sie könne so etwas nicht singen, weil sie ja schließlich vor ihre Klasse treten müsse. »Das kann ich mir nicht leisten«, habe sie Ruth Drexel erklärt, worauf diese nur treffsicher erwidert habe: »Du musst dich entscheiden: Bist du Schauspielerin oder Lehrerin?« Das sei natürlich die einzig richtige Antwort gewesen. Ruth Drexel habe dann die Ärmel aufgekrempelt und die Hände nach außen gedreht – eine typische Geste. »Das habe ich sehr schön gefunden, weil es so etwas Offenes hatte.« Krista Posch hat Ruth Drexel bei den Proben zu Felix Mitterers Stück *Stigma* sowohl sanft und entspannt als auch entschieden und durchsetzungsfähig erlebt. »Sie hatte beide Seiten. Ich habe sehr gemütliche Proben mitgemacht, aber auch solche, in denen sie das durchdrückte, was sie sich in den Kopf gesetzt hatte. Nicht um recht zu haben, sondern weil sie davon überzeugt war. Wenn es aus technischen Gründen Argumente gab, die nicht zuließen, was sie wollte, gab sie sich nicht geschlagen. Dann wurde ein Umweg gesucht und gefunden.« Für Krista Posch war es ein Glücksfall, am Anfang ihrer Laufbahn »einer solchen Regisseurin, einem solchen Stück und überhaupt den Tiroler Volksschauspielen« begegnet zu sein. »Das war ja eine Kraft, ganz unglaublich, natürlich auch ein bisschen Ausnahmesituation. Da hab ich erlebt, was Theater sein kann und was in einer solchen Zusammenarbeit entstehen kann. Als Ruth gemerkt hat, dass ich mit meiner Rolle viel anfangen kann, hat sie mich gelassen.« Krista Posch verkörperte die »Moid«, ein tiefgläubiges Bauernmädchen, an deren Körper die Wundmale Christi auftauchen. Sie entdeckt, dass sie Kranke heilen kann, und geht ganz in ihrer Religiosität auf. Von ihrem Dienstherrn, dem

Großbauern, und seinem Sohn wird sie sexuell bedrängt und kann sich eine Zeit lang wehren. Doch dann fällt der Jungbauer über sie her und schlägt sie bewusstlos. Während der Vergewaltigung trägt er eine Teufelsmaske. Nachdem ihre Schwangerschaft festgestellt wurde, werden Moid und ihr Schicksal zum Gegenstand wissenschaftlicher, juristischer und kirchlicher Untersuchungen. An deren Ende steht ein Exorzismus. »Ich konnte auf dieser Rolle schweben, obwohl es extrem anstrengend war«, erzählt Krista Posch. »Wir haben nur jeden zweiten Tag gespielt. Darüber war ich froh, denn ich hätte es nicht jeden Tag spielen können. Ich brauchte immer einen Tag, um mich zu erholen. Von Ruth fühlte ich mich getragen. Sie hat mir vertraut und mich während der Arbeit immer mehr kennengelernt. Dadurch wusste sie auch, was möglich ist.«
Es war Ruth Drexels Neugier auf Menschen, die ihr in ihrer Theaterarbeit, die immer etwas Forschendes hatte, zugutekam. Ihr Interesse an den Mitarbeitern war ein echtes, kein instrumentelles. »Das hat man im Gespräch schnell gespürt«, erklärt Silvia Wechselberger, »weil sie es nicht nur über sich ergehen lassen, sondern genau zugehört und nachgefragt hat. Ich habe selten einen Menschen erlebt, der so interessiert und dadurch so unglaublich jung war. Sie ist für mich der alterloseste Mensch, den ich je gekannt habe. Völlig anders als Frauen ihres Alters. Ihr Verstand war jung. Das lag an ihrer Neugier dem Leben gegenüber.«
Ruth Drexel hat ihren Schauspielern große Freiheit gelassen und war gespannt auf das, was sie ihr anboten. »Wie es alle wirklich großen Regisseure – Luc Bondy, Peter Zadek – tun«, weiß Enzi Fuchs aus eigener Erfahrung. »Wenn sie merken, dass du es kannst und dass du etwas daran tust, lassen sie

Krista Posch als Moid in *Stigma* von Felix Mitterer, Regie: Ruth Drexel, Uraufführung Tiroler Volksschauspiele Telfs 1982

dich. Dann sagen sie manchmal nur ein Wort und dann eine ganze Woche lang gar nichts. So habe ich immer am liebsten gearbeitet: alles selbst entwickelt. Bei der Ruth hab ich mich besonders sicher gefühlt, weil ich wusste, sie sagt es mir, wenn es falsch ist.«
Im selben Maße, wie sie die Arbeit ihrer Schauspieler respektierte, war sie enttäuscht, wenn diese sich passiv verhielten und keine eigenen Ideen entwickelten. Sie setzte auf den Dialog, erwartete Spielangebote, auf die sie reagierte. Vorschriften zu machen oder Anordnungen zu erteilen, lehnte sie ab. Mit konträren Ansichten zum Stück oder der jeweiligen Rolle konnte sie dagegen gut umgehen. Sie liebte Gespräche über die Intention des Autors und die Psychologie der Figuren.

Erst durch unterschiedliche Auffassungen wurde die Arbeit für sie interessant. Streit war für sie nicht negativ besetzt, sondern wurde von ihr als Mittel zum Erkenntnisgewinn geschätzt. Doch damit überforderte sie ihre Mitarbeiter bisweilen. Nicht alle konnten der permanenten Aufforderung, sich an der Diskussion zu beteiligen, folgen. Und nicht alle waren so streitbar wie Markus Völlenklee, der ein ähnlich positives Verhältnis zu temperamentvollen inhaltlichen Disputen hatte und eifrig mitstritt. Oder Veronika Eberl, die belustigt meinte: »Es war mit der Ruth sogar möglich, die gleiche Meinung zu haben und dennoch zu streiten.« Cilli Drexel hatte den Eindruck, dass die Menschen, die mit ihrer Mutter arbeiteten, diese Art des Inszenierens trotz der Turbulenzen mit allen Höhen und Tiefen liebten. »Es war wie innerhalb der Familie, man musste in den Sturm hinein. Man musste sich trauen. Menschen, die sich nicht trauten, wurden nicht ernst genommen. Hirn und Haltung waren gefragt. Indifferenz wurde nicht akzeptiert. Lieb sein, Brav sein, Unterordnung führten nicht zum Erfolg. Überhaupt nicht – im Gegenteil.«
Ruth Drexel betrachtete es als ihre Aufgabe, eine Stimmung zu erzeugen, die es den Schauspielern leicht machte, sich zu entfalten. Obwohl sie wusste, was sie wollte, das Große und Ganze im Kopf und entsprechende Erwartungen an die Akteure hatte, war deren eigener Beitrag unerlässlich. »Schauspieler, die keine eigene Meinung dazu hatten oder kein Spielangebot machen, mochte sie nicht«, hatte Barbara Herold erfahren. »Oder wenn jemand forderte: ›Sag mir, was ich tun soll.‹ Nein, so funktionierte es nicht bei ihr.« Enzi Fuchs bestätigt: »Über unvorbereitete Kollegen ist sie sehr traurig gewesen. Sie hat nicht getobt, wenn einer etwas nicht

kapiert hat. Im Gegenteil, sie hat es mit einer Engelsgeduld erklärt. Aber wenn jemand nicht vorbereitet war oder im Lauf der Proben keinen Schritt weitergekommen ist, dann war sie enttäuscht. Enttäuscht und traurig. Sie wurde dann sehr still und sehr ernst.«
Damit sich alle an der Inszenierung Beteiligten auf der Probe einbrachten, galt es, eine Atmosphäre zu schaffen, die die Bereitschaft dazu begünstigte. Keiner durfte aus Angst, etwas Falsches vorzuschlagen oder zu tun, in die Defensive gedrängt werden. Der Probenraum war ein Labor, in dem Bilder und Szenen entstanden, verschwanden und manchmal wieder auftauchten. Alles, was den Beteiligten einfiel, hatte seine Berechtigung. Gesellschaftliche Normen und Festschreibungen waren außer Kraft gesetzt, genau wie die Gesetze der Logik. Raum, Zeit, Traum, Wachsein, Alter, Geschlecht waren austauschbare Variable. Das Männliche in der Frau, das Weibliche im Mann, das Kindliche im Alter, das Alter in der Jugend. Ruth Drexel liebte es, in ihrem Labor eine Versuchsanordnung zu definieren, das Experiment anzustoßen und seinen Ablauf zu beobachten. Sie hatte ihr Ziel vor Augen, aber plante nicht im Detail. Ihre Textbücher waren weitgehend frei von Notizen. Sie hatte alles im Kopf, hörte genau zu, sah genau hin und ließ geschehen. Der Entstehungsprozess war das, was sie am meisten interessierte. So sehr, dass sie keinen Wert darauf legte, ihn zu verstecken, sondern in den Aufführungen durchschimmern ließ. Theater war eben ein Spiel, an dem alle beteiligt waren und das nie abgeschlossen war.
Detailfragen wie »Warum soll ich jetzt von hier nach dort gehen?« oder »Soll ich diese Bewegung mit dem linken Zeigefinger oder mit dem rechten ausführen?« fand sie überflüssig. Die hatte sich der Schauspieler selbst zu beantworten. Sie war

niemand, der genau choreografierte und die Positionen und Requisiten festlegte. »Dass man sich ständig intensiv und bis ins kleinste Detail vorbereitete, war Ruth fremd«, erinnert sich Barbara Herold. »Als wir einmal in Tirol die Ferienwohnung geteilt haben und ich jeden Morgen beim Frühstück das Textbuch vor mir hatte, um die einzelnen Szenen noch einmal durchzugehen, schaute sie mich einmal kopfschüttelnd an und meinte: ›Was machst du da eigentlich immer?‹« Auch Markus Völlenklee hat Ruth Drexel nicht als »Arbeitstier« erlebt, sondern als jemanden, des wusste, wann es genug war. 2001 inszenierte er Tankred Dorsts *Friss mir nur mein Karlchen nicht!* am Münchner Volkstheater. Es war seine erste Regiearbeit; Ruth Drexel spielte in dem surrealen Stück eine Kellnerin, die zwei Waisenkinder zu sich nimmt. Einer der beiden Brüder ist ständig hungrig und frisst alles auf, was er findet. Weil er immer dicker wird, passt er nicht mehr ins Haus. Doch sein Appetit wird größer und größer, er hat fast schon alles verschlungen, und so ist es nur eine Frage der Zeit, wann er über seinen Bruder herfallen wird. Diesem gelingt es, sich mithilfe einer List zu retten. Zuerst empfiehlt Karlchen dem Bruder, doch zu warten, bis er größer, schwerer und daher eine verlockendere Mahlzeit geworden sei, dann hört er auf zu wachsen. »Als die Ruth sich den Text nicht merken konnte, hab ich gesagt ›Das kriegen wir schon hin, wir haben ja Zeit!‹«, erinnert sich Markus Völlenklee. Daraufhin habe sie gesagt: »Und wenn wir's nicht hinkriegen, ist es auch wurscht!« Er schätzte es, dass sie genau wusste, wann sie loslassen musste. »Es gab einen Punkt, wo sie sagte ›So, und jetzt langt's!‹ Es gab eine Masochismusverweigerung, wenn sie erkannte, dass es nichts mehr brachte. Weiterzumachen und zu leiden, war ihr zu blöd.«

Ruth Drexel als Omaha, Max Krückl als Olmo und Cilli Drexel als Karlchen in *Friss mir nur mein Karlchen nicht!* von Tankred Dorst und Ursula Ehler, Regie: Markus Völlenklee, Münchner Volkstheater 2001

Katharina Brenner beobachtete, dass Ruth Drexel die Kunst beherrsche, mit ihren Kräften hauszuhalten. Im Gegensatz zu ihrem Hans Brenner, der sich verausgabte, Schlafmangel in Kauf nahm und Raubbau an seiner Gesundheit trieb. »Es war ihm wurscht. Wichtig war ihm nur, das Gehirn fit zu halten. Das gelang ihm. Sogar im Vollrausch konnte mein Vater noch gescheite Sätze formulieren. Aber letztlich war er immer flüchtlingsartig unterwegs. Er wohnte eigentlich auch nicht richtig, hatte zwar ein Bett, war interessiert an Essen und Trinken und dass man etwas zusammen macht, aber das war's schon. Immer bereit zur Flucht. Ruth hat sich diese Fluchtbewegung nicht gestattet. Sie konnte nicht einfach Dinge ausblenden. Sie fühlte sich verantwortlich. Ihr war bewusst, sie wird gebraucht. Sie hat auf sich geachtet, sich vernünftig ernährt, nicht getrunken und geschaut, dass sie genug Schlaf bekommt. Das hat aber auch damit zu tun, dass sie eine Frau war. Frauen schauen eher darauf, dass ihre Lebenskerze nicht von beiden Seiten abbrennt.«

Ihre Mutter habe einen Panzer anlegen und »ihr Mäuerchen hochfahren können«, erklärt Cilli Drexel. »Sie hatte ein dickes Fell. Eigentlich war sie eine zarte Person und sehr verletzlich, aber dadurch, dass sie sich dieses dicke Fell zugelegt hatte, hat sie das nicht oft gezeigt.« Ruth Drexel hat die Regiearbeit ihrer Tochter von Anfang an begleitet. Sie hat sich alles angeschaut, jede Premiere besucht und ist ihrer Tochter mit Rat und Tat zur Seite gestanden. »Bei einer Arbeit gab es mal Schwierigkeiten mit dem Bühnenbild, und die Schauspieler fanden alles schrecklich. Und das hat sich dann in schlechter Stimmung und in Vorwürfen niedergeschlagen. Die Endprobenphase war äußerst schwierig. Meine Mutter war schon da, und dann saß ich bei ihr im Hotel und hab mich beklagt, wie grausig das alles ist und wie arm ich eigentlich bin. Da hat sie etwas zu mir gesagt, was mir heute immer noch hilft: ›Aber Cilli, reg dich doch nicht so auf, die meinen nicht dich als Cilli. Die meinen dich als Regisseurin. Darum geht es. Es geht doch nicht um dich persönlich. Es geht um dich in deiner Funktion. Und so musst du auch reagieren. Denn du bist die Regisseurin. Du bist die Chefin. Du musst darauf reagieren. Das ist dein Beruf.‹ Und das hat Folgen für mich und meine Arbeit gehabt. Es hat mich sofort aus diesem persönlichen Beleidigtsein und dieser Verzweiflungssauce herausgeholt. Es hat mir total geholfen, und es hilft mir jetzt immer noch, wenn es wieder einmal zu diesem Punkt kommt.«

11
Volkstheater

»Es ist nicht wichtig, was und wie man spielt, sondern wen man erreichen will.«

»Die Stadt ist groß. Sie ist reich und übersichtlich. Die Häuser wachsen aus dem Boden. Die Schaufenster sind voll. Die Stadt ist sauber, sie funktioniert. Die Leute funktionieren auch.« So beginnt der Entwurf »Kurz und Klein«, der sich als handschriftliches Manuskript und als Typoskript in Ruth Drexels Nachlass im Münchner Literaturarchiv Monacensia befindet. »Straßenbahner«, »Selbstmordstory«, »Volksfest« und »Die weinende Frau« sind die vier Teile, die sich an »Die Stadt« anschließen. Skizziert werden alltägliche Geschichten aus der großen Stadt, die sich als Refrain zwischen die Szenen schiebt: »Die Stadt funktioniert, ist sauber, schön usw.« Wer nicht immer funktioniert, sind ihre Bewohner: »Ein Alter schafft es nicht, nur spazierenzugehen, nur zu plaudern, nur einzukaufen und auf den Tod zu warten.« Also geht der ehemalige Straßenbahnfahrer mit einem jungen Kollegen einen Deal ein: Immer wenn dieser Schicht hat, darf er auf einer bestimmten Strecke am Steuer sitzen. Doch dann passiert ein Unfall. »Für alle ist alles verloren.« In der »Selbstmordstory« hält ein Mann aus Trostberg die Eintönigkeit seines Familienlebens nicht mehr aus. Er hebt das gesamte Geld von seinem Konto ab und fährt in die große Stadt, »die vielgepriesene, voll von Verlockungen, Lustbefriedigungen, in die Stadt, in der alles möglich ist«. Dazu gehört es, in kürzester Zeit das Ersparte auszugeben, für das man lange gearbeitet hat. Obwohl alles vorhanden ist, wovon er geträumt hat – die Damen, die Lokale –, ist er von der Stadt enttäuscht. Sein Ausbruch hat sich nicht gelohnt. Das Geld ist weg, die Angst vor dem Nachhausekommen so groß, dass er einen Selbstmord fingiert. »Für alle ist alles verloren.« Auch in der Skizze »Volksfest« spielen der Gegensatz Land und Stadt eine wichtige Rolle. Ein »nicht mehr junges Fräulein« besucht das Oktoberfest mit seinen »riesigen Maschinen für Vergnügen, Schaukeln, Schwenken, Drehen, Schütteln«. Doch die Atmosphäre im Bierzelt gefällt ihr nicht. Deshalb betrinkt sie sich. Als sie keine Toilette findet, hockt sie sich an den Rand der Vergnügungsstraße, um »so wie ein Kind ihr Geschäft zu verrichten«. Nachdem drei Frauen das öffentliche Ärgernis angezeigt haben, wird sie verhaftet und leistet heftigen Widerstand. »Sie glaubt, dass für sie alles verloren ist.« »Die weinende Frau« sitzt in einem Café und wird von den übrigen Gästen ignoriert. Als endlich »eine naive Person« nach ihrem Kummer fragt, erzählt sie von ihrer Arbeit im Krankenhaus, dem Tod ihrer Mutter, dem Umzug in ein »Wohnklosett mit Kochnische«: »Alles scheint für sie verloren.« Und dennoch: »Die Stadt ist schön und reich und neu und strahlend und funktioniert.«

Wann Ruth Drexel diese Skizzen verfasst hat, ist nicht bekannt. Ebenso wenig, ob sie ein Stück erarbeiten wollte oder einen Film plante. Dass sie eines von beiden vorhatte, belegen die Namen der Schauspieler, die sie jeder Szene voranstellt, darunter ihre Tochter Kathi, Hans Brenner, Ursula Strätz, Monica Bleibtreu, Walter Schmidinger, Axel Bauer und Therese Giehse.

Es waren die einfachen, scheinbar banalen Geschichten aus dem Alltag der Menschen, die Ruth Drexel zeitlebens interessiert haben. Dass man diese sowohl karg und spröde als auch grell und laut inszenieren konnte, hat sie bei den Tiroler Volksschauspielen gezeigt. An einem Abend ein Kammerspiel aus Sprachlosigkeit, kleinen Gesten, verhaltenen Blicken. Am nächsten Abend ein ausgelassenes Theaterfest aus Spiel, Gesang, Tanz und bizarren Kostümen. Ruth Drexel war von Anfang an mit dabei, als sich in Tirol einige Theaterbegeisterte zusammentaten, um dort eine neue Form von Volkstheater zu installieren. Der »Urvater« des Festivals, der Schauspieler und Kabarettist Kurt Weinzierl, trieb das Projekt zusammen mit seinen Kollegen Dietmar Schönherr und Otto Grünmandl sowie dem ORF-Redakteur Josef Kuderna voran. Alle stammten aus Tirol und fanden dort den geeigneten Spielort: die Burg Hasegg in Hall. Eröffnet wurden die Volksschauspiele 1981 mit dem Zyklus *Die sieben Todsünden und ein Totentanz* von Franz Kranewitter, acht Einakter an zwei Abenden, inszeniert von sieben Regisseuren. Ruth Drexel wirkte sowohl als Schauspielerin als auch als Regisseurin mit. Die für das kommende Jahr geplante Aufführung von Felix Mitterers Stück *Stigma* unter ihrer Regie geriet zum Skandal, die Gemeinde Hall lehnte das Stück als »Ansammlung von Schweinereien und Religionsverhöhnung« ab und stand als Austragungsort des Festivals nicht mehr zur Verfügung. In dieser Situation trat der Telfer Bürgermeister Helmut Kopp auf den Plan und bot an, das Festival in seiner Gemeinde durchzuführen. Den Kontakt zu ihm hatte der Innsbrucker Volkskundler Wolfgang Pfaundler hergestellt. Helmut Kopp sagte sofort zu, ohne das Stück vorher lesen zu wollen, mit der Begründung, das brauche er nicht, bei ihm in Telfs gebe

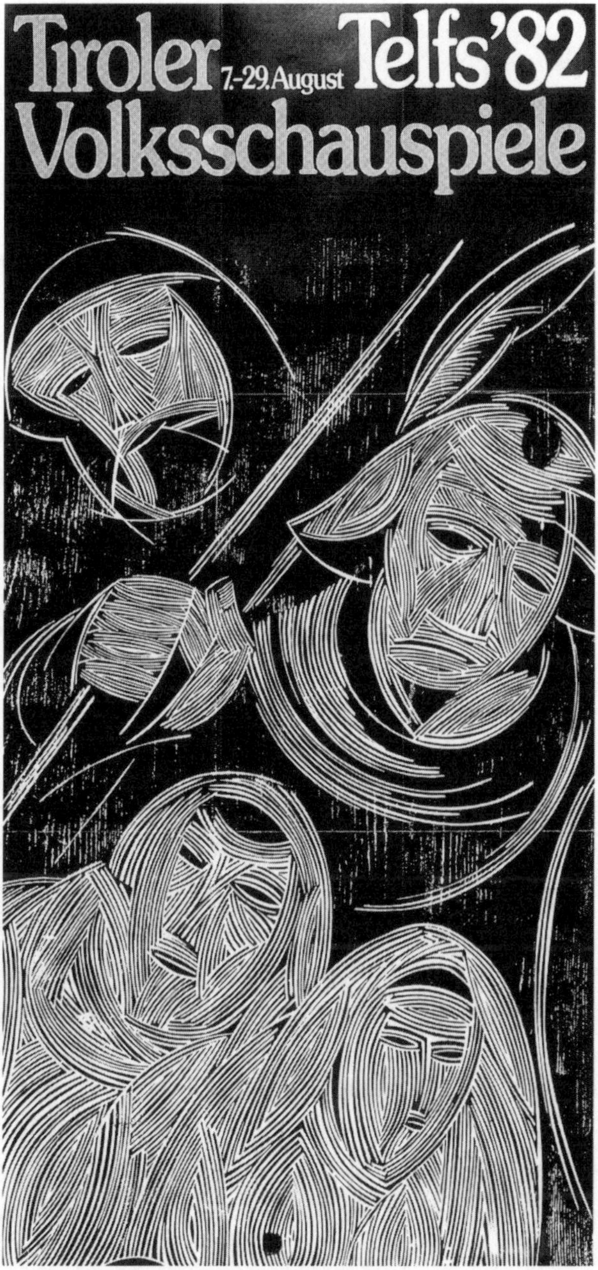

Tiroler
7.-29. August
Telfs'82
Volksschauspiele

es keine Zensur. »Ich war der Meinung, dass ein Landbürgermeister nicht unbedingt Kulturkritik üben sollte«, erklärt Helmut Kopp dreißig Jahre später. Und als er das Stück irgendwann las, habe ihn gerade das berührt, was die Kritiker bemängelten und als »schmutziges porno-blasphemisch-anarchistisches Theater« diffamierten: die Szene, in der die Protagonistin Moid Jesus Christus ihr Menstruationsblut opfert. »Eine berührende, sehr weibliche Szene, so wie sie von Krista Posch gespielt und von Ruth Drexel inszeniert wurde.«

Genauso mutig, entschieden und selbstbewusst wie bei der ersten Begegnung mit den Initiatoren der Tiroler Volksschauspiele zeigte sich Helmut Kopp, als die wütenden Proteste immer mehr eskalierten. Er blieb bei seiner Unterstützung des Festivals und stand hinter dem Programm. Felix Mitterer bekam Drohanrufe, wurde als »Verführer der Jugend« und »impertinente Drecksau« tituliert. Kulturreferent Ladstätter und Bürgermeister Kopp erhielten Bombendrohungen: »Wenn das Stück *Stigma* in Telfs durch Bürgermeister Kopp nicht verboten wird, fliegt der Saal in Telfs und das Haus Kopp bei Mieming in die Luft« hieß es in einem anonymen Schreiben, und »eine Gruppe junger Tiroler Patrioten« erklärte den Bürgermeister zur »Persona non grata«, die sich »bei der sittlich und moralisch am Boden kriechenden Clique um Weinzierl« einschmeicheln will. »Ich hab heute noch die Patrone auf meinem Schreibtisch, mit der ich erschossen werden sollte«, berichtet Helmut Kopp mit belustigtem Kopfschütteln. Um Ruhe vor Angriffen dieser Art zu haben, verlegte Ruth Drexel die Proben für *Stigma* in den Pfarrsaal von Zorneding nahe München. Vor der Premiere am 18. August 1982, bei der ein großer Andrang herrschte – sowohl das Medien- als auch das Besucherinteresse war

Pressekonferenz der Tiroler Volksschauspiele 1999. v.l.n.r.: Bürgermeister Helmut Kopp, Silvia Wechselberger, Felix Mitterer, Ruth Drexel, Markus Völlenklee

immens –, stieg die Anspannung der Akteure und der Zuschauer gleichermaßen. Als die Aufführung endlich begann, wurde nach kurzer Zeit deutlich, dass es Ruth Drexel gelungen war, Felix Mitterers Stück als weibliche Passionsgeschichte zu inszenieren, deren Intensität und Spiritualität man sich nur schwer entziehen konnte. Der Schlussapplaus wollte kein Ende nehmen.

Damit war die Zusammenarbeit des Autors Felix Mitterer und der Regisseurin Ruth Drexel besiegelt. Gemeinsam verfolgten sie das Projekt, »Volkstheater als Instrument zur kritischen Auseinandersetzung mit der gelebten Realität zu etablieren – klug, scharf und unterhaltsam, aber unabhängig vom Bildungshintergrund verständlich«. Hans Brenner konkretisierte diesen Anspruch noch und machte sich radikal zum Anwalt der »Loser«, indem er ein Volkstheater forderte, das den Blick auf die Ausgestoßenen und Gedemütigten richtete. Eine Kunstform, die in erster Linie auf die Reaktion der Kritiker schielte, lehnten sowohl er als auch Ruth Drexel vehement ab. In einem unveröffentlichten Manuskript formuliert sie ihre Unzufriedenheit mit der allgemeinen Entwicklung des Theaters in den 1990er Jahren: »Das Theater ist aufgestiegen aus dem Straßengeruch – ›Hängt's die Wäsch' weg, die Schauspieler kommen‹ – nein, nicht zu den Reichen und Mächtigen, um sich zu prostituieren, sondern hinauf zur dünnen Luft des Akademischen und dort hat es sich den Mehltau geholt. Die Sonne eines Publikums, das liebt, scheußlich findet, hasst, bewundert, kniet, zur Polizei rennt, bringt die Pflanze Theater zum Gedeihen und ist durch blendende Kritiken und Theaterbundesligapokale nicht zu ersetzen.« Im Gegenteil, die Bewertungen der Kritiker waren zu hinterfragen, denn »das Feuilleton suggeriert oft, dass Theater auf keinen Fall vielen gefallen darf. Was denen gefällt, kann nicht gut sein. Wenige Erwählte urteilen mit exklusivem Verständnis für eine Elite. Der Ausschluss vieler ›normaler‹ Besucher wird so zum Qualitätsmerkmal. Das könnte (in der Zeit der leeren Kassen) das Ende des Theaters und damit das Wegbrechen dieser ersten Stufe zur Kunst, will heißen, zur Kultur, für die Mehrzahl der Menschen sein. Eine höchst undemokratische Entwicklung!« Aus dem »Unbehagen über diese Tatbestände« resultierte Ruth Drexels Sehnsucht und Suche nach einer anderen Form von Theater.

Felix Mitterers Werke waren dazu geeignet, »die Pflanze Theater« mit Leben zu erfüllen. Zu seinem Stück *Kein Platz für Idioten*, das 1977 an der Tiroler Volksbühne Blaas in Innsbruck uraufgeführt wurde, sagte er: »Zur gleichen Zeit

Vorstandsmitglieder des Vereins Tiroler Volksschauspiele, v.l.n.r:
Klaus Rohrmoser, Julia Gschnitzer, Ruth Drexel, Felix Mitterer, Silvia
Wechselberger, Thomas Thöni, Hans Brenner, Alfred Konzett, 1991

wurde im Theater am Landhausplatz *Stallerhof* von Kroetz gespielt, gewiss das größere und auch radikalere Kunstwerk, aber mit der geringeren Wirkung. Dort im Alternativtheater saßen die Studenten, die Intellektuellen, die ohnehin von vornherein der Meinung des Autors waren. Hier aber, an der Volksbühne, waren die Besucher ganz normale Menschen mit ganz normalen Vorurteilen. Und manche von ihren begannen nachzudenken, und das war zumindest ein Beginn.«
In ihrer Laudatio zur Verleihung des Ernst-Toller-Preises 2001 an Felix Mitterer lobte Ruth Drexel seine Haltung als Autor: »Das Theater Mitterers erhebt sich nicht über das Publikum. Es ist ohne Dünkel und ohne falschen Anspruch. Dieser Verzicht auf die anmaßende Belehrung von oben nach unten

konfrontiert den Zuschauer auf unmittelbare, ja naive Art und Weise mit dem Medium Theater. Er sucht den direkten Zugang zum Phänomen der Kunst. Sein Theater ist die erste Stufe: einfach, ohne zu vereinfachen, nicht absichtsvoll kompliziert, um zu beeindrucken. Ästhetik wird hier nie zum Selbstzweck. Sein Theater soll nicht unerreichbar und anbetungswürdig oder provokativ und abstoßend sein, nur um zu imponieren.« Diese Haltung des Autors begünstigte die Haltung des Publikums, die sie sich wünschte: »Ohne dass Mitterer mit der Betroffenheit des Zuschauers spekuliert, gelingt es diesem kaum, sich der Geschichte zu entziehen. Die emotionale Nähe zum Geschehen verhindert, dass der Zuschauer sich Lösungen zurechtlegen kann; er sieht sich mit den eigenen Vorurteilen und Verdrängungen konfrontiert. Diese Möglichkeit hat mich immer beeindruckt, weil sie meiner Vorstellung von dem, was das Theater leisten kann, sehr nahe kommt: etwas zu beschreiben, um es nicht nur begreifbar, sondern auch belebbar zu machen.«
Das bedeutete vor allem, die Theateraufführung nicht länger als klar vorgegebenes Ritual zu zelebrieren, sondern als lebendigen Handlungsprozess zu definieren, bei dem die Zuschauer sich als Teilnehmer fühlten. So wie im Münchner Volkstheater bei einer Aufführung von Thomas Strittmatters Stück *Viehjud Levi* im Mai 1989. Der 1995 im Alter von 33 Jahren verstorbene Autor aus dem Schwarzwald hatte eine ähnliche Intention wie der Tiroler Felix Mitterer. Im Alter von 18 Jahren schrieb er das Stück über einen jüdischen Viehhändler, das auf eine wahre Geschichte aus seiner Region zurückgeht, die ihm von seinem Vater erzählt worden war: Der Viehhändler Levi macht mit den Bauern am Ort Geschäfte, wird von ihnen geachtet und anerkannt. Zwischen ihm und dem Bau-

ern Horger herrscht sogar ein freundschaftlicher Ton, der das spielerische Handeln um die Preise zum sportlichen Wettbewerb werden lässt. Eine unausgesprochene Gewissheit: Levi ist es, der letztlich den Hof am Leben erhält. Aber die Zeiten geraten in Aufruhr, Fremde kommen in den Ort: eine Gruppe Bahnarbeiter aus der Großstadt, die Arbeiten im nahe gelegenen Sommerauer Tunnel durchführen. Für die Dorfbewohner sind sie und ihre Auffassungen gleichbedeutend mit Fortschritt und wirtschaftlichem Aufschwung. Die Männer transportieren die Ideologie des Nationalsozialismus in die bisher davon weitgehend unberührte Region und zertrümmern gewachsene Strukturen. Die Zerstörungsmaschinerie setzt sich in Gang. Der Moment, wo man sie noch hätte aufhalten können, wird verpasst. »Unter ökonomischem Druck relativieren sich plötzlich moralische und humane Werte. Eigentlich eine große Banalität«, hat Thomas Strittmatter die Entwicklung in einem Interview kommentiert. Da die Bahnarbeiter in der Lage sind, höhere Preise für das Vieh zu zahlen, entziehen sie Levi seine Lebensgrundlage. Damit nicht genug: Sie schikanieren ihn, bedrohen ihn, lauern ihm auf und verprügeln ihn. Horger beginnt immer mehr, sich von ihm zu distanzieren. Der Konflikt eskaliert eines Abends im Gasthof Bären, als die Bahnarbeiter den Viehhändler zwingen wollen, in ihre Lieder – zum Beispiel das Horst-Wessel-Lied – einzustimmen. Weil er sich weigert, wenden sie Gewalt an, und er singt schließlich ein jiddisches Lied.

Als diese Gasthausszene am Münchner Volkstheater gespielt wird, springt plötzlich ein Mann im Zuschauerraum auf und schreit: »Aufhören! Scheiß-Nazis!« Obwohl er sehr weit hinten sitzt, fühlt er sich als Beteiligter der Szene, als einer von denen, die im Gasthaus sitzen, zuschauen und schweigen.

Das will er nicht. Er mischt sich ein. Dieser Zwischenfall hatte für mich als Zuschauerin überraschenderweise etwas Selbstverständliches. Peer Martiny, der Regisseur der Inszenierung, fragte den Mann nach der Vorstellung, wie es zu seinem Engagement gekommen sei. Diesem war seine Einmischung mittlerweile unangenehm, er entschuldigte sich, beteuerte aber, er habe nicht anders können. Zu sehr habe er sich an die Nazizeit erinnert und deshalb eingreifen müssen. Ein dialektisches Lehrstück, das Ruth Drexel, der »Meisterin der Dialektik«, gefallen haben dürfte: In dem Maße, wie die auf der Bühne Agierenden zu Voyeuren geworden sind, die sich nicht einmischen, ist der Zuschauer an diesem Abend zum Agierenden geworden.

Auf meine Frage, ob er und Ruth Drexel theoretische Überlegungen zum Thema Volkstheater angestellt hätten, antwortete Felix Mitterer: »Wir haben nie darüber geredet, was Volkstheater ist, sondern es einfach gemacht. Es ist ja wirklich ein schwieriger Begriff. Was soll ich sagen? Wir haben uns bemüht, es nicht so künstlich und distanziert zu machen, dass der Zuschauer sagt, es geht mich nichts an.«

Lorenz Gutmann ist sich sicher: »Die Diskussion, was ist Volkstheater und was nicht, ist im Kopf von Ruth Drexel nicht entstanden. Man hat sie immer gedrängt hat, das zu beschreiben, was sie eigentlich macht. Und für Ruth war alles Volkstheater. Was nicht Volkstheater war, war Kunst. ›Kunst? Kunst mir 5 Mark leihen?‹, war ihre Antwort. Das elitäre Theater hat sie nicht gemocht. Das sollen andere machen, war ihre Einstellung.«

Cilli Drexel hat dieses geflügelte Wort über die Kunst viele Male zu hören bekommen, besonders von ihrem Vater. »Er hat es noch ernster genommen hat als sie. Das resultierte aus

Besichtigung einer Spielstätte in Telfs, vorne: Dietmar Schönherr, Ruth Drexel, Felix Mitterer, hinten Klaus Rohrmoser und Silvia Wechselberger

der politischen Debatte über das richtige Theater. Was war richtig? Sicher nicht ein Theater, das sich in den Elfenbeinturm verabschiedet und so elitär wird, dass man seine Zeichen nicht mehr versteht, sondern eines, das sich um Verständlichkeit bemüht und wichtige Inhalte thematisiert. Das konnten allerdings manchmal hochkomplexe Stücke sein, die eigentlich der Hochkultur zugeordnet werden. ›Kunst mir 5 Mark leihen?‹ – diese Ablehnung von Kunst war ja eigentlich nur ein Kampfbegriff. Was mir gerade einfällt: ›Forced Entertainment‹! Da wäre ich gern mit meiner Mutter hingegangen. Auch mit meinem Vater. Ich bin mir hundertprozentig sicher, dass das ein Theater ist, das sie ganz toll gefunden hätten. Die Art und Weise, wie sich diese Gruppe über das Erzählen an die Inhalte ranrobbt und wie entspannt alle miteinander auf der Bühne sind, das ist toll. Und total avantgardistisch. Ich glaube, das ist ganz nah dran an dem, was meine Eltern wollten. Es ist auch eine Form von Volkstheater.«

»Volkstheater ist nicht gleich Bauerntheater, das ist ganz wichtig«, betont Veronika Eberl. »Nicht die Art, wie man spielt, sondern wen man erreichen will, ist das Entscheidende. Das hat natürlich auch mit Ruths politischem Anspruch zu tun. Ganz kurz zusammengefasst: Das Volk war ihr wichtig, die Elite war ihr nicht wichtig.«

Wenn es um Volkstheater ging, schienen Missverständnisse vorprogrammiert zu sein. Im Bekanntenkreis habe sie oft provozierende Fragen beantworten müssen, berichtet Sophie Wendt. »›Was spielst du denn da, die Vroni von rechts oder die Zenzi von links?‹ Bei der Ruth hat es diese wirklich bayerischen Stücke nicht gegeben. Es war eher großstädtisch. Ihr Programm hatte mit den üblichen bayerischen Volksstücken nichts zu tun, sondern immer einen kritischen Anspruch. Manchmal hat sie sich, glaube ich, gewundert, wie unpolitisch die meisten Menschen sind. Sie hat das Theater als Medium begriffen. Ihr Theater war nicht vordergründig politisch, aber es hatte immer eine klare Aussage. Trotzdem war es sehr sinnlich. Sinnlichkeit war großgeschrieben. Das habe ich genossen.«

Sie wolle weg vom Klischee des Volkstheaters mit seinem affirmativen Charakter, der das Bestehende nur bestätige und beschönige, erklärte Ruth Drexel der Journalistin Gabriella Lorenz, kurz nachdem sie Intendantin des Münchner Volkstheaters geworden war. »Ich finde, die Leute brauchen ein Theater, das ihre Position vertritt, aus ihrer Position argumentiert und nicht dumm ist. Ich bin misstrauisch gegenüber dem elitären Anspruch eines Theaters, das wie früher nur einer bestimmten Publikumsschicht vorbehalten ist.« Für sie sei Theater vielmehr ein »demokratisches Medium«, folglich müsse es für alle sein. Ein demokratisches Moment bestehe in der Wechselwirkung zwischen Zuschauer und Darstellern. Anders als beim Film und Fernsehen könne er die Vorstellung beeinflussen, sei sogar als Partner notwendig. »Durch seine Zustimmung oder Ablehnung nimmt er Einfluss auf das Theatergeschehen – er kann ja zum Beispiel auch türenschlagend rausgehen, und natürlich verändert das eine Vorstellung!«

Dass Ruth Drexels Volkstheater »inhaltlich eine klare Weltanschauung vertrat«, schätzte Josef Hader. »Das hat mir besonders gut gefallen. Ruth Drexel hat sich nicht wie einige andere bayerische Künstler etwas Künstliches angeeignet, sondern sie ist einfach so geblieben, wie sie war: in ihrer Sprache, in ihrer Mentalität und in ihrer Art. Sie war authentisch, nicht im Sinne von bodenständig, das hat ja leicht etwas Klischeehaftes. Sie war jemand mit Wurzeln und hat diese Wurzeln nie verleugnet. Sie hatte keine Angst vor Tradition und ließ gleichzeitig neue Wege zu. Ein Festival, das die Jungen fragte: Was macht ihr? Habt ihr eine Idee? So ein bisschen Off-Theater, bei dem man etwas ausprobieren konnte. Ich habe es mehr in Telfs mitbekommen als am Münchner Volkstheater, aber da war es sicher genauso.«

Ottfried Fischer ist sein Besuch in Telfs vor dreißig Jahren unvergesslich geblieben. »Ruth hat mich empfangen, dann sind wir zum Essen gegangen. Ich hatte eigentlich nur ein kurzes ›Grüß Gott‹ erwartet, denn sie war ja stark beansprucht. Sie war aber voll und ganz für mich da, das fand ich rührend. Ihre Inszenierung von *Stigma* war das beste Theater, das ich je gesehen habe – bis heute. Eine Authentizität! – Das Wort gab es damals, glaube ich, noch gar nicht. Es war einfach echt. Unschlagbar. Bei der Ruth war klar: Was sie macht, ist Volkstheater, da braucht man nichts mehr zu definieren. Sie hat gesagt: ›Ich weiß schon, wie's geht.‹ Und sie wusste es wirklich.«

Davon war auch der ehemalige Münchner Oberbürgermeister Ude überzeugt. Auf die Frage, was für ihn Volkstheater bedeute, antwortete er: »Volkstheater ist das, was Ruth Drexel macht. Das habe ich bei der Verabschiedung von Ruth Drexel vor ihrer Fan-Gemeinde im Volkstheater gesagt: Also kein Bauernschwank und kein Komödienstadel und überhaupt keine Form von Tümelei, aber künstlerisch anspruchsvolles Theater sowohl mit Traditionsbewusstsein als auch mit Experimentierfreude und einer besonderen Leidenschaft, die Gesellschaft und die Geschichte ›von unten‹ zu sehen.«

Als Ruth Drexel Katharina Thalbach 1988 einlud, am Münchner Volkstheater zu inszenieren, war die Intendantin längst keine Unbekannte mehr für die junge Berlinerin. »Meine Mutter und Ruth kannten sich. Sie waren gemeinsam am Berliner Ensemble engagiert und haben zusammen auf der Bühne gestanden.« Ihre Mutter, Sabine Thalbach, habe ihr viel von Ruth erzählt und sich immer gefreut, wenn sie im Fernsehen zu sehen war. »Und dann lernte ich Ruth durch Markus Völlenklee kennen, mit dem ich einige Jahre zusammen war. 1985 trafen wir uns an der Freien Volksbühne Berlin bei den Proben zu Brechts *Herr Puntila und sein Knecht Matti* kennen. Es gab Schwierigkeiten bei der Inszenierung, und wir machten dann Kollektivregie. Es wurde keine weltbewegende Aufführung, aber es funktionierte, wir hatten eine Riesenfreude und sechzig ausverkaufte Vorstellungen. Monica

Bleibtreu spielte auch mit. Sie und Markus erzählten mir viel von Ruth und Hansl.«

Ruth Drexel schaute sich 1987 Katharina Thalbachs erste Regiearbeit, die *Macbeth*-Inszenierung am Berliner Schillertheater, an und lud sie im nächsten Jahr ein, an ihrem Haus drei Brecht-Einakter unter dem Titel *Lux in Tenebris* zu inszenieren. Katharina Thalbach fühlte sich in der ungewohnten bayerischen Umgebung sofort heimisch. »Das, was Ruth gemacht hat und wie sie war, das war für mich zu Hause. So kannte ich Theater durch meinen Vater Benno Besson. Ich komme ja aus der Brecht-Tradition. Für mich war es keine Frage, dass Theater immer auch einen politischen Charakter und gleichzeitig einen Volkstheater-Charakter hat. Shakespeare ist auch Volkstheater im besten Sinne. Es ist eben alles: Es ist unterhaltsam, es ist intelligent, es ist komisch, es ist traurig. Eigentlich ist für jeden etwas dabei. Also, Theater als eine öffentliche Angelegenheit im besten Sinne, bei der man etwas lernt, sich amüsiert und woran man sich später noch lange erinnert. Ach ja, und ganz wichtig ist, dass die Leute, die es machen, bitte auch Spaß haben. Nicht nur die Leute, die unten sitzen, sondern auch die Leute, die es tun.«

Für Katharina Thalbach ist der Begriff ›Volkstheater‹ nicht klar einzugrenzen. Er umfasst auch den bayerischen »Komödienstadel«, das Kölner Millowitsch-Theater und das Hamburger Ohnsorg-Theater. Da hat sie keine Berührungsängste: »Schon als Kind habe ich das immer gern im Fernsehen gesehen. Ich hab's wirklich geliebt. Boulevard mit Dialekt – das gehört auch dazu. Aber für mich sind eben auch Shakespeare und Sophokles Volkstheater, der Begriff ist nicht so klein, ich fasse ihn nicht so eng. Das hat Ruth und mich sicher auch verbunden.«

Markus Völlenklee ist seit 2009 Obmann der Tiroler Volksschauspiele und sieht die Aufgabe des Festivals nach wie vor in der Pflege des Volkstheatererbes und der gleichzeitigen Förderung der Entwicklung eines modernen Volkstheaters. Wie Ruth Drexel schätzt er die Zusammenarbeit von Profis und Laien. Es gibt in Telfs nach wie vor keine feste Spielstätte, sondern es werden jedes Mal passende Spielorte für die jeweiligen Stücke gesucht. Markus Völlenklee nennt als wichtige Forderung Ruth Drexels, sich mit der eigenen Arbeit vom bildungsbürgerlichen Theater abzuheben: »Theater ist eigentlich ein Kind der Straße und versucht, ein Spiel zu veranstalten, dem man ohne Bildungshintergrund folgen kann. Das war auch der Grund, warum sie in Telfs die Klassiker gezeigt hat, also *Urfaust* zum Beispiel. Und dann haben Fünfzehnjährige, die vorher nie im Theater waren oder es immer als sehr langweilig empfunden hatten, gesagt: ›Das ist ja ein tolles Stück!‹ Volkstheater erzählt Stücke mit Vergnügen und zum Vergnügen, sodass du es genießen kannst, ohne ein besonders gebildeter Mensch zu sein. Die großen Stoffe der Literatur und des Theaters betreffen alle und dürfen nicht nur den Intellektuellen vorbehalten sein. Ruth wollte die Rezeptionsschwelle herabsetzen. Sie wollte dem Publikum die Welt in ihrer Widersprüchlichkeit zeigen und erlaubte ihnen, sich dabei zu amüsieren.« Damit knüpfte sie an Molière an, der bemerkt hat, dass sich beim Lachen nicht nur der Mund öffnet, sondern auch das Gehirn. Und an Dario Fo, der 1997 den Nobelpreis für Literatur erhielt. Er erklärte in seiner Stockholmer Dankesrede: »Die Macht, und zwar jede Macht, fürchtet nichts mehr als das Lachen, das Lächeln und den Spott. Sie sind Anzeichen für kritischen Sinn, Phantasie, Intelligenz und das Gegenteil von Fanatismus.«

Markus Völlenklee weist darauf hin, dass auch Ruth Drexels Fernseharbeiten – von den *Münchner Geschichten* über die *Freiheit* bis hin zum *Bullen von Tölz* Volkstheaterelemente einschließen. »Sie war in ihrem Element. Ruth wusste einfach, dass man schön und edel nicht länger als zehn Minuten auf der Bühne und im Film aushält. Es ist ein Theatergesetz: Im Theater interessieren einen die Figuren, die man auf dem Weg zum und vom Theater nicht anschaut, mit denen man nichts zu tun haben will. Leute mit Fehlverhalten, Leute, die Angst haben, Leute mit Übersprungverhalten. Das Theater spielt mit Ängsten. Im Gegensatz zum Rundfunk findet Theater ja vom Hellen ins Dunkle statt. Das Theater spricht einen per Sie an, der Rundfunk spricht immer per Du. Im Theater sitzt man im Dunkeln, gemeinsam und trotzdem allein. Man fühlt sich geschützt und kriegt trotzdem mit, wie die anderen reagieren.« Ruth Drexels Verständnis von Volkstheater basierte auf der Grundannahme, dass der Mensch nicht ohnmächtiger Spielball der Mächte ist. »Wenn man die Welt nicht verändern will, dann braucht man gar nicht mehr zu denken. Dann braucht man überhaupt nichts mehr zu machen«, habe er sie in Diskussionen lakonisch argumentieren gehört. Eine solche Kapitulation sei ihr fremd gewesen. »Mir fehlt am meisten ihre Schärfe im Denken, die immer eine Wärme hatte. Das klingt jetzt vielleicht sentimental oder sogar pathetisch«, räumt Markus Völlenklee ein, »aber allein dieser Blick auf die Welt als etwas Veränderbares hat mich und meine Arbeit stark geprägt. Mit fatalistischen Aussagen wie ›das ist das Ende der Geschichte‹ durfte man ihr nicht kommen. Ich mochte ihren schätzenden Blick auf die Welt, der auch irren konnte. Ich glaube, der fehlt mir am meisten. In Ruth waren der starke Erkenntniswille auf der einen Seite und der ebenso starke Wille, das Leben zu genießen, zusammengewachsen. Sie vertrat einen konkreten Humanismus – nicht in dem Sinne, dass alles, was menschlich ist, auch gut ist. Sie hatte eine klare Einschätzung der menschlichen Fähigkeiten und Unfähigkeiten, Großartigkeiten und Verbrechen und konnte sich trotzdem immer wieder darüber wundern. Und nichts konnte sie daran hindern, in dieser Welt mit einem Vergnügen Platz zu nehmen.«

»Im Grunde haben die großen Dichter mit ihren großen Menschheitsthemen immer mit der einfachen Form des Straßentheaters – siehe Goldoni – geliebäugelt«, erklärt Nikolaus Paryla, der seit der Uraufführung von Patrick Süskinds Ein-Mann-Stück *Der Kontrabass* am 22. September 1981 regelmäßig am Münchner Volkstheater in dieser Rolle zu sehen ist. »Goethe ist sogar nach Venedig gekommen, hat sich eine Goldoni-Aufführung angeschaut, totgelacht und gesagt: ›Das kann ich nicht. Ich kann das nicht schreiben – aber das ist das echte Theater.‹ So etwas hatte Goethe noch nie gesehen. Er hat es dann aber doch versucht, zum Beispiel in *Scherz, List und Rache*, das ich am Volkstheater inszeniert habe.«

Nikolaus Paryla hatte Ruth Drexel erst näher kennengelernt, nachdem sie die Intendanz des Münchner Volkstheaters übernommen hatte. »Es ging darum, dass ich dort meinen *Kontrabass* weiterspiele – das war eines der ersten künstlerischen administrativen Gespräche, die wir geführt haben über die Zusammenarbeit, aus der sich dann das eine oder andere noch entwickelt hat. Ein bisschen weniger, als es hätte sein wollen und sollen, weil ich halt oft nicht da war und kein fixes Mitglied dieses Theaters war.« Einige Jahre später habe sie ihn gefragt, ob er sich vorstellen könne, Goethes *Scherz, List und Rache* zu inszenieren. Er habe sofort gewusst, dass es im Freien aufgeführt werden musste, und Ruth Drexel davon überzeugt. Im Innenhof des Volkstheaters wurde eine Bühne aufgebaut. »Es hat funktioniert. Es war kein Meisterwerk. Goethe hat das selbst gesagt, aber es war besser, als er geahnt hat. Man musste halt nur den Mut haben, wirklich eine Commedia dell'Arte daraus zu machen, und den entsprechenden Rahmen finden. Die Rüpelszenen bei Shakespeare – das ist Commedia dell'Arte. Die großen Theatermacher, und dazu gehörte Ruth Drexel, hatten immer die Sehnsucht nach dem echten ursprünglichen Theater, das auf der Straße stattfand. Das hat auch sie erkannt. Sie hat die Hoffnungen der Menschen, die sich in ihr Theater getraut haben, nicht enttäuscht. Dort sind plötzlich Menschen hineingegangen, die vorher nie im Theater waren. Sie hat ein eigenes Publikum kreiert und die Verbindung hergestellt, die von den großen Dichtern immer ersehnt worden ist. Das war für mich ihr Hauptwerk – abgesehen von ihrer inszenatorischen und darstellerischen Kraft, die wir ja alle kennen. Ruths Theater war noch das echte, handfeste Theater, bei dem eine Tür und ein Tisch und ein Stuhl auf der Bühne stehen konnten und es trotzdem nicht altmodisch war. Überhaupt nicht.« Ihre Volksnähe habe nicht darin bestanden, »dass sie so bayerisch war. Das konnte sie sein, aber sie war nicht nur bayerisch, sie war in erster Linie Schauspielerin und Regisseurin. Als Intendantin hat sie wirklich aus dem Volkstheater ein Theater für das Volk gemacht. Volkstheater müsste eigentlich heißen Theater fürs Volk oder nur Theater. Unter Volkstheater stellt man sich immer Leute in Lederhosen vor, oder in Indien haben sie vielleicht Saris an, aber das ist falsch. Volkstheater ist alles.«

Dem stimmt Wolfgang Maria Bauer zu: »Ruth hat den Begriff Volkstheater weit gefasst. *The Lonesome West* von Martin

McDonagh, das ich dort inszeniert habe, war eigentlich englisches Volkstheater. Die bayerische Schenkelklopfnummer hat sie allerdings nicht bedient. Ruths Arbeit war das Gegenmodell zu dem, was heute immer mehr grassiert. Vielleicht gibt es das, was sie wollte, gar nicht mehr. Es ist ja auch eine andere Generation, das ist völlig okay. Ruth ist für mich immer noch sehr präsent. Wenn mir irgendeine Entscheidung schwerfällt, dann denke ich heute noch: Was würde die Ruth jetzt sagen?«

Als Ruth Drexel nach Hans Brenners Tod die Intendanz des Münchner Volkstheaters interimsweise übernahm, schlug Nikolaus Paryla vor, das Haus umzubenennen: »Nenn es doch ›Hans-Brenner-Theater‹«, habe er ihr nach ihrer ›Rettungsaktion‹ empfohlen. »Ebenso gut könnte man es natürlich ›Ruth-Drexel-Theater‹ nennen«, ergänzt er heute. »Im Grunde ist das Münchner Volkstheater geprägt durch diese beiden Menschen, welche die großen Klassiker einem Publikum nahegebracht haben, das sonst vielleicht nie ins Theater gegangen wäre und diese Stücke dann überhaupt nicht oder nicht so oft oder nicht so selbstverständlich gesehen hätte.«

Für kurze Zeit war zumindest die Straße, an der das Münchner Volkstheater liegt, nach einem seiner Protagonisten benannt, wie Susanne Schulz erzählt: »Das Volkstheater wurde am 23. November 1983 eröffnet. Zwei Tage später, am 25. November, hatte Hans Brenner Geburtstag. Da hat der Architekt Zangenberg, der das Haus umgebaut hat, klammheimlich auf der gesamten Brienner Straße auf den Straßenschildern das i abgeklebt. Er hat also Hans Brenner die Straße zum Geburtstag geschenkt. Außerdem hat er noch einen wunderbaren Oldtimer gemietet, den legendären BMW 501 aus der Serie *Funkstreife Isar 12*, und ist um Mitternacht mit

Brenner die Straße rauf und runter gefahren. Brenner strahlte natürlich. Interessanterweise hat lange Zeit niemand gemerkt, dass aus der ›Brienner Straße‹ eine ›Brenner Straße‹ geworden war. Die Streifen blieben ganz lange kleben.«

Seit 2002 ist Christian Stückl Intendant des Münchner Volkstheaters. Seine Theaterleidenschaft zeigte sich schon früh: In seinem Heimatort Oberammergau gründete er 1981 im Alter von zwanzig Jahren eine eigene Theatergruppe. 1987 wurde er Spielleiter der berühmten Oberammergauer Passionsspiele und führte dort 1990 zum ersten Mal Regie. Von 1987 bis 1996 war er an den Münchner Kammerspielen tätig, zunächst zwei Jahre als Regieassistent, dann als Regisseur. Im Sommer 2002 inszenierte er Hugo von Hofmannsthals *Jedermann* bei den Salzburger Festspielen, im Herbst desselben Jahres übernahm er die Nachfolge Ruth Drexels am Münchner Volkstheater. Die Voraussetzungen seien ganz andere gewesen als 1988, als sie die Intendanz antrat, betont er. Ruth Drexel sei damals längst untrennbar mit dem Haus verbunden gewesen. Er habe sich dagegen erst einmal sein eigenes Publikum erobern müssen und sei oft mit Vergleichen zu seiner Vorgängerin konfrontiert worden. »Als Ruth Drexel die Leitung übernommen hat, war es eigentlich schon ihr Theater. Sie und der Brenner Hansi haben hier drinnen Theater gemacht. Sie haben sich sehr gut ergänzt, und was sie für Volkstheater gehalten haben, war eben Volkstheater. Horváth und Kroetz gehörten zu ihren bevorzugten Autoren. Was für mich komisch war: Wenn man als Bayerischsprechender in die Aufführungen ging, hatte man immer den Eindruck, dass keiner auf der Bühne stand, der Bayerisch konnte. Es war sehr Tirolerisch. Viele Ideen sind in Tirol entstanden, und man hatte das Gefühl, Telfs beflügelt das Münchner Volkstheater mehr als umgekehrt.«

Auf die Frage, ob sein Verständnis von Volkstheater ein anderes sei als das Ruth Drexels, antwortet Christian Stückl: »Es gibt Unterschiede, aber letztlich hatte sie eine ähnliche Auffassung vom Volkstheater wie ich. Ich weiß nicht, ob sie sich überhaupt theoretisch dazu geäußert hat. So etwas war ihr, glaube ich, fremd. Sie hat einfach Theater gemacht. Mir ist der Begriff ja auch fremd, weil ich mir denke, wenn ich an den Kammerspielen bin, dann arbeite ich auch fürs Volk, und wenn ich am Residenztheater bin, arbeite ich auch fürs Volk. Natürlich unterscheidet sich das Volk dann ein bisschen voneinander, aber letztlich ist und bleibt der Begriff Volkstheater ein eigenartiger und schwieriger.«

12
Intendantin

*»Ein Amt kann mich nicht dazu bringen,
etwas zu tun, was ich nicht will.«*

Von den 13 Fragen, die das Magazin *FOCUS* zum Jahreswechsel 2006/2007 an Ruth Drexel richtete, bezogen sich nur zwei direkt auf ihre Arbeit: »Ihre Lieblingsschauspielerin?« und »Ihr Lieblingsschauspieler?« Beide Male lautete ihre Antwort: »Mein Ensemble am Münchner Volkstheater.« Zu diesem Zeitpunkt lag ihre Tätigkeit als Intendantin allerdings schon einige Jahre zurück, und ihr Ensemble existierte nicht mehr. Im Juni 2002 hatte Ruth Drexel das Volkstheater endgültig als Leiterin verlassen. Zwei andere Fragen und ihre Antworten haben im Nachhinein – wenn man bedenkt, dass sie zwei Jahre später gestorben ist – einen bitteren Beigeschmack: »Was sagt man Ihnen nach?« »Dass ich ›fit‹ bin.« »Was mögen Sie an sich gar nicht?« »Dass ich ›nicht fit‹ bin.« Ein leiser Hinweis darauf, dass das Bild, das sie nach außen vermittelte, und ihr tatsächliches Befinden nicht übereinstimmten.
Anders war es bei der Selbstreflexion über ihre Vorzüge. »Zähigkeit in wichtigen Anliegen. Humor« waren die Eigenschaften, die sie auf die Frage »Was gefällt Ihnen an sich besonders?« nannte. So hatte sie auch der ehemalige Münchner Oberbürgermeister Christian Ude charakterisiert, der während ihrer Amtszeit als Intendantin des Münchner Volkstheaters ein wichtiger Ansprechpartner für sie war. Auf die

Oberbürgermeister Christian Ude, Bürgermeister Hep Monatzeder und Ruth Drexel, die 2002 von ihrem Amt als Intendantin Abschied nimmt

Frage, wie er Ruth Drexel in Verhandlungen erlebt habe, antwortete er: »Als extrem durchsetzungsstark.« Er war es zwar nicht gewesen, der sie 1988 berufen hatte, sondern sein Vorgänger Georg Kronawitter, outete sich jedoch sofort als Fan, der »von dieser Personalentscheidung von der Eröffnungspremiere an« begeistert war. Bis heute schwärmt Ude von der ehemaligen Theaterchefin: »Es gab eine sehr herzliche und vertrauensvolle Zusammenarbeit, die manchmal sogar konspirative Züge annahm.«

Was hat Sie an Ruth Drexel beeindruckt?

»Der wache politische Verstand, die Emotionalität, die vorbehaltlose Offenheit und gleichzeitige Durchtriebenheit, ihr aufs ganze Ensemble bezogener Familiensinn und ihr künstlerischer Anspruch, den sie mit der Personifizierung populärer Fernsehrollen problemlos unter einen Hut bringen konnte. Ich fand sie in allen Rollen extrem authentisch und überzeugend.«

Wie sehr fehlt heute eine Persönlichkeit wie Ruth Drexel in der Münchner Kulturszene?

»Schmerzhaft.«

Gegründet wurde das Münchner Volkstheater 1983 in der Brienner Straße 50. Es löste dort das »Theater in der Brienner Straße« ab, das vor allem Boulevardstücke auf dem Spielplan hatte. Nach dem Umbau fasste das Theater gut 600 Zuschauer. Nicht nur die Stadt München, sondern auch private Spender finanzierten die Renovierung. Der erste Intendant war Jörg-Dieter Haas, den Ruth Drexel schon aus ihrer gemeinsamen Zeit an der Berliner Schaubühne am Halleschen Ufer kannte. Zum Ensemble gehörten die Stars der Münchner Volksschauspielerszene wie Gustl Bayrhammer, Beppo Brem, Enzi Fuchs, Axel Bauer, Willy Harlander, Helmut Fischer und Karl Obermayr. Eröffnet wurde das neue Haus mit Ruth Drexels Inszenierung von Karl Schönherrs *Glaube und Heimat*, also nicht mit einem populären bayerischen Schwank, sondern der »Tragödie eines Volkes« – so der Untertitel des Stückes –, die die Vertreibung der Protestanten aus dem Zillertal zum Inhalt hat. Zu den Initiatoren des Theaters zählte der CSU-Politiker Erich Kiesl, der von 1978 bis 1984 als Münchner Oberbürgermeister in die SPD-Bastion eingedrungen war. »Deswegen wurde das Haus auch von der SPD und von den Grünen nicht geliebt«, erklärt Christian Stückl. »Es war eine CSU-Idee. Der CSU-Kulturstadtrat Franz Forchheimer zum Beispiel war immer ein großer Befürworter des Volkstheaters. Aus diesem Grund gab es auch ständig Widerstand vonseiten der SPD und der Grünen, die sogar einmal für die Abschaffung des Volkstheaters stimmten.«

Ruth Drexel und Hans Brenner zeigten von Anfang an Interesse an dem Projekt Münchner Volkstheater. Unter der Intendanz von Jörg-Dieter Haas präsentierten sie ihren Valentin-Karlstadt-Abend. Ruth Drexel inszenierte 1985 Bertolt Brechts *Schweyk im Zweiten Weltkrieg* mit Hans Brenner in der Titelrolle. Dreißig Jahre nach Brechts Tod wurde das Stück, das der Autor Anfang der 1940er Jahre im amerikanischen Exil verfasst hatte, zum ersten Mal an einem Münchner Theater aufgeführt. 1987 war es dann so weit: Ruth Drexel bewarb sich um die Nachfolge von Jörg-Dieter Haas.

»Ich wär gern dabei gewesen, an dem Tag, als die Ruth mit dem Hansi abends dasaß und sich überlegt hat, das Volkstheater zu übernehmen«, gesteht Wolfgang Maria Bauer. »Es muss so einen Moment gegeben haben, an dem die Entscheidung anstand. Beide waren gefeierte Schauspieler, Publikumslieblinge. Ruth hätte nicht in München bleiben müssen. Sie hätte sich quer durch die Republik einen Namen machen können als Grande Dame des Deutschen Theaters. Sie hatte eine Riesenpotenz zur Karriere.«

Hans Schuler war zwar nicht dabei, als Ruth Drexel und Hans Brenner über ihre künstlerische Zukunft berieten, aber er hat den Moment miterlebt, in dem Ruth Drexel erfuhr, dass sich die Stadt München für sie als Intendantin entschieden hatte. Es war während der Dreharbeiten zu der Serie *Zur*

Freiheit. Sowohl ihr Freudengeschrei als auch ihr Versprechen, alle bei sich spielen zu lassen, sind ihm noch heute präsent. Sie hat das Versprechen gehalten.

Kurz nachdem sie 1988 ihr Amt angetreten hatte, erklärte Ruth Drexel in einem Interview der *Süddeutschen Zeitung*, sie habe »eigentlich immer so gesponnen, so eine Utopie gehabt vom Volkstheater. Immer. Und wenn man sich lange Zeit seines Lebens etwas wünscht und bekommt dann plötzlich so ein Angebot, dann muss man das annehmen.« Es war ihre Chance, wieder einmal etwas Eigenes auf die Beine zu stellen. Die Feldkirchner Jahre des Freien Theaters lagen zwar schon eine Weile zurück, aber Ruth Drexel hatte ihre Abenteuerlust und Experimentierfreude nicht verloren. Außerdem war sie bereits seit einigen Jahren an der Programmgestaltung der Tiroler Volksschauspiele beteiligt. »Für mich war sie von Anfang an die eigentliche Intendantin«, verrät der ehemalige Telfer Bürgermeister Helmut Kopp. »Hans Brenner als Tiroler war die Identifikationsfigur, Ruth Drexel hat die geistigen Inhalte vorgegeben. Die Stücke, Schauspieler und Regisseure wurden zwar vom Kollektiv ausgewählt, aber Ruth Drexels Dominanz war für mich offensichtlich.« Er habe ihr 2005 bei der Verleihung des Tiroler Landespreises für Kunst ein Alpenröschen überreicht, um ihr mit diesem symbolträchtigen Geschenk seine Wertschätzung zu demonstrieren. »Die Alpenrose ist ein unglaublich empfindsames Blümchen, das eine ebenso unglaubliche Widerstandskraft hat. Sie ist gegen drei Meter Schnee und Steinschlag gewappnet. Eine außerordentliche Mischung aus Sensibilität und Wehrhaftigkeit – so habe ich Ruth Drexel gesehen.«

Cilli Drexel bewundert, dass ihre Mutter mit der Übernahme des Volkstheaters einen Raum geschaffen hat, in dem sich

Menschen entfalten konnten. Nicht nur im kleinen Raum der Regie für ein einzelnes Stück, sondern als Arbeitsperspektive für eine ganze Spielzeit. »Umso toller, als es gar nicht der Ursprungswunschtraum meiner Mutter gewesen ist, Intendantin des Münchner Volkstheaters zu werden. Mein Vater war schon eher derjenige, der darauf zugesprintet ist. Aber sie wusste, wenn sie den Job macht, dann musste sie ihn richtig machen.« Cilli Drexel glaubt nicht einmal, dass ihre Mutter geplant hatte, Regisseurin zu werden. »Ganz früher, meine ich. Meine Mutter war neugierig. Das war ihre Grundhaltung. Wenn man etwas Neues macht, dann muss man es vorbereiten und versuchen, es so gut wie möglich zu machen. Da war sie dann hundertprozentig. Ich weiß gar nicht, ob ehrgeizig das richtige Wort dafür ist. Meine Mutter war hundertprozentig. Man hat sie nie in einer abgeschwächten Prozentzahl erwischt. Vielleicht vor dem ersten Tee am Morgen. Aber ansonsten nicht. Sie hat alles reingeworfen. Und ob es dann gelingt oder nicht gelingt, ist wieder eine andere Frage. Aber sie hat erst einmal alles reingeworfen.«

Im Zuge der Suche eines Nachfolgers für Jörg-Dieter Haas hatte man die Stelle auch Nikolaus Paryla angeboten. Er lehnte jedoch ab, weil das Budget so gering war, dass er sich außerstande sah, damit ein Theater am Leben zu halten. Er habe damals sogar empfohlen, das Geld lieber in eine soziale Institution zu stecken. »Dann hat Ruth es trotzdem gemacht, trotz der niedrigen Budgetierung, und sie hat recht gehabt. Ich hab unrecht gehabt. Sie hat gekämpft und gekämpft und sich wirklich daran aufgerieben, dass sie immer ein Stück mehr und ein Stück mehr erhielt. Am Schluss hat sie dann, glaube ich, die Summe, die sie brauchte, bekommen. Aber es war ein unglaublicher Kampf. Und es war gut, dass sie diesen

Ruth Drexel war von September 1988 bis Juni 1998 und von April 1999 bis Juni 2002 Intendantin des Münchner Volkstheaters

Kampf geführt hat, denn dadurch ist dieses großartige Theater entstanden und dadurch kann es letztlich auch weiterexistieren. Es hat einen Standort und eine Bestimmung innerhalb der deutschsprachigen Theaterszene, und das ist ihr Werk.«
Als Intendantin habe sie sich »völlig reingehängt«, bestätigt Wolfgang Maria Bauer. »Das ist nur vergleichbar mit Dieter Dorn oder heute Christian Stückl. der ist auch immer im Haus. Aber sonst nehmen es die meisten Intendanten ein bisschen lockerer. Ruth hat unheimlich viel Kraft und Energie ins Volkstheater gesteckt. Es war halt ihr Haus. Man muss sich das so vorstellen, dass sie jeden Tag und jeden Abend da war. Hansi hat ja fast jeden Abend gespielt. Er war bei jedem Stück dabei, oft als Protagonist. Dann sind sie nach der Vorstellung gemeinsam nach Hause gefahren. Und am nächsten Morgen ging es für sie weiter.«
Enzi Fuchs und Christine Ostermayer sind sich einig darüber, dass Ruth Drexel schon früh begonnen hat, sich zu übernehmen. Ihr Arbeitstag war oft mehr als zwölf Stunden lang. »Die Ruth hat einfach zu viel gemacht«, meint Enzi Fuchs. »Intendantin, Regisseurin, Schauspielerin und dann noch Fernsehen. Sie konnte nie Nein sagen. Das hat sie mir sogar mal gestanden, als es irgendetwas gab, was sie hätte machen sollen und wozu sie gar keine Lust hatte. ›Enzi, ich kann ja nicht Nein sagen.‹ Meistens waren es Bekannte von ihr, die baten: ›Spiel's halt für mich.‹ Aber es war einfach zu viel. Sie hat sich übernommen. Man hat allerdings nie das Gefühl gehabt, dass sie müde ist. Bis zum Schluss nicht.«
Wenn Christine Ostermayer über den Selbstausbeutungsberuf Intendantin spricht, spürt man ihre Aufregung. Allein bei dem Gedanken an all die Aktivitäten, die Ruth Drexel – wie alle betonen – hundertprozentig ausgeübt hat, bekommt

sie Herzklopfen. »Ruth wollte niemanden belasten. Wenn man ihr etwas abnehmen wollte, hat sie immer gesagt: ›Lass nur, das mache ich schon.‹ Nicht weil sie unbedingt zeigen wollte, dass sie die Powerfrau ist, die alles schafft. Nein, aus dem Gefühl heraus, dass die anderen ja auch alle genug zu tun haben.« Christine Ostermayer kann sich zwar in diese Haltung hineinversetzen – »Ich hab auch ein bisschen was davon« –, trotzdem ärgert es sie. »Ich finde, eine solche Schwerarbeiterin muss man in Watte packen. Man muss ihr abnehmen, was man ihr abnehmen kann, damit sie ihren Kopf freibekommt für ihre eigentlich Arbeit.« Doch das sei leichter gesagt gewesen als getan, denn Ruth Drexel habe einfach nicht delegieren können. »Nicht aus Ehrgeiz, sondern weil sie niemanden belasten wollte.« Darin habe sie sich grundlegend von ihren männlichen Kollegen – Intendanten wie Regisseuren – unterschieden. »Die Puppen tanzen lassen, die anderen Menschen wie Marionetten behandeln – das konnte sie einfach nicht. Etwas, was Männer in ihrer Funktion gerne tun. Sicher wird es da auch Ausnahmen geben, aber die kenne ich nicht.«

Katharina Thalbach empfindet Hochachtung vor dem Einsatz, den Ruth Drexel gezeigt hat: »Wie Ruth als Mutter des Ganzen für so lange Zeit die Verantwortung übernommen hat, das habe ich immer bewundert. Sie musste ja auch mit den Politikern um Geld verhandeln. Das ist ja der nicht gerade spaßige Teil der Arbeit. Das könnte ich alles nicht. Oder vielleicht könnte ich es sogar, aber ich würde es nicht gerne machen. Ich bin da viel fauler. Ich arbeite zwar auch viel, aber das Lustprinzip und der Egoismus stehen bei mir mehr im Vordergrund. Mir hat man schon x-mal Intendanzen angeboten, aber ich habe immer abgelehnt.«

Gleichzeitig ist Katharina Thalbach froh darüber, dass sich seit ihrer ersten Zusammenarbeit mit Ruth Drexel so viel verändert hat in Hinblick auf Frauen in exponierten Positionen am Theater. »Ich habe sie gerade in dieser tollen Zeit erlebt, als sie das Projekt Münchner Volkstheater angegangen ist. Sie war eine der ersten Intendantinnen in ganz Deutschland. Es gab welche in kleineren Theatern, sozusagen Familienbetrieben, aber sonst kann ich mich in der ganzen Theaterlandschaft nicht an Frauen in diesem Amt erinnern. Es freut mich wahnsinnig, dass die Geschlechterfrage heute nicht mehr im Vordergrund steht. Regie und Intendanz sind zwar immer noch männerlastig, aber es gibt nirgendwo mehr einen Aufschrei, wenn eine Frau inszeniert oder Intendantin wird. Das ist vorbei. Zum Glück ist auch die Umkehrung vorbei, also die Einstellung, weil es eine Frau ist, ist es etwas Besonderes.« Eine Zeit lang sei sie ständig mit Fragen konfrontiert worden wie: Haben Sie es schwerer, weil Sie eine Frau sind? Oder: Wie ist es für Sie als Frau, diesen Job zu machen? Fragen, die sie sich selbst nie stellte und die gehäuft von außen an sie herangetragen wurden. »Ich glaube, auch für Ruth war das nicht der Punkt. Und wenn, dann hatten wir ja beide ein gemeinsames Vorbild: Helene Weigel, die den Laden für Brecht geschmissen hat.«

»Es gibt in den Institutionen und Behörden so viele Verhinderer.« Silvia Wechselberger spricht aus Erfahrung. »Anstatt etwas zu versuchen, heißt es bei der kleinsten Schwierigkeit: ›Das ist mir zu mühsam, das machen wir nicht.‹ So etwas hat es bei Ruth nie gegeben, sondern da ist alles durchgekämpft worden, auch wenn einem immer neue Prügel in den Weg gelegt wurden oder immer mehr Argumente kamen, warum etwas nicht geht. Aber wenn man es dann trotzdem geschafft hat, waren das eigentlich die schönsten Siege. So etwas habe ich oft mit ihr erlebt: Dass man gegen alles angekämpft hat und auf einmal sieht, es funktioniert doch. Auf einmal stimmt alles und geht auf. Dann ist man einfach nur noch glücklich.« Silvia Wechselberger gerät ins Schwärmen, wenn sie sich an die Kooperation mit Ruth Drexel erinnert: »Sie war ein so lebendiger Mensch. Ich hab ihr immer so gern zugeschaut, wenn sie so schnell gelaufen ist. Sie war so flink. Flink ist das richtige Wort. Wenn sie zum Beispiel so schnell die Stiege runtergelaufen ist. Ich hab selten einen Menschen gesehen, der so kleine Schritte gemacht hat und so behände und flink war.«

Dass Ruth Drexel für das Münchner Volkstheater gekämpft hat, weiß auch Sophie Wendt zu schätzen. »Sie musste in den Versammlungen des Aufsichtsrats sitzen. Sie hat auf den Pfennig genau gerechnet und sich nichts vormachen lassen. Da war sie sehr genau. Vielleicht war das auch das Spannende für sie: einerseits das messerscharfe detailgenaue Denken und andererseits – bei den Inszenierungen – das Unmögliche imaginieren und verlangen. Auch von den Bühnenbildnern. Alles war immer etwas zu groß dimensioniert. Aber gerade das war ja so toll, dass es die Ketten dieses kleinen Volkstheaters ein bisschen gesprengt hat. Das war Ruths Qualität. Diese Träume, dieses nicht vernünftig darüber Nachdenken, sondern einfach sagen: ›Ich möchte, dass das Haus brennt!‹ Und sie konnte die anderen so gut mitreißen.« Es sei ihr Traum gewesen, so Sophie Wendt, am Münchner Volkstheater zu spielen, seit ihr Katharina Brenner, mit der sie am Wiener Max Reinhardt Seminar studierte, davon erzählt hatte: »Nah am Menschen dran, nicht so abgehoben, irgendwie ein bisschen Unterholz. Ich war ja Anfängerin und hatte natürlich die Schwierigkeiten, die man als Anfängerin eben hat, weil man seine Ideale verfolgen will und eigentlich gar nicht genau weiß, worin sie bestehen.« Erst im Nachhinein und nachdem sie auch an anderen Theatern gearbeitet hatte, habe sie die Aufbruchsstimmung und die Anarchie des Volkstheaters richtig zu würdigen gewusst.

Für Barbara Herold war es ein großes Ereignis, als sie zum ersten Mal mit Ruth Drexel gearbeitet hat. Nachdem sie in einem kleinen Theater als Regieassistentin begonnen und dann als freie Regisseurin tätig gewesen war, bewarb sie sich bei Ruth Drexel als Regieassistentin. »Sie hat schnell erkannt, dass ich sehr gut organisieren und ihr vieles abnehmen konnte und auch ihre ›Zeitverstrudelungen‹ gut im Blick hatte. Ich hab ihr dabei geholfen, ihr ›organisiertes Chaos‹ noch besser zu strukturieren – das hat sie sehr geschätzt. Dann habe ich etwas in Bamberg inszeniert, und sie ist gekommen und hat sich ein Stück angeschaut. Sie ist sogar nach Castrop-Rauxel zum Westfälischen Landestheater gefahren, um eine Arbeit von mir zu sehen. Das bedeutete, ihr Interesse an mir war so groß, dass sie sich da auf den Weg gemacht und ihren Eindruck überprüft hat. Anschließend hat sie mir dann den ersten großen Auftrag erteilt, die Regie von *Späte Gegend*, dem Stück von Lida Winiewicz.« Mit einer so großen Anteilnahme und Wertschätzung hatte Barbara Herold nicht gerechnet. Später erkannte sie: »Wenn Ruth begonnen hat, sich für einen Menschen zu interessieren, dann hat sie dessen Weg sehr nah und gerne verfolgt und erstaunliche Ausflüge auf sich genommen.« Es sei auch viel Intuition dabei gewesen. Ruth Drexel habe nicht analysiert, was an ihrem Theater fehle und sich dann auf die Suche gemacht, sondern sei sehr wachsam für das gewesen, was ihr »einfach so zugeflogen« sei.

Nicht immer stimmte das, was Ruth Drexel in einem Menschen sah, mit dessen Selbstbild überein. Sophie Wendt war verblüfft: »Sie hat immer sehr nach Typ besetzt. Bei mir wusste sie am Anfang nicht, was sie mit mir machen soll. Das fand ich befremdend. Ich war irritiert. Andererseits musste ich zugeben: Wenn sie besetzt hat, war das oft wie gespuckt. Da musste sie dann gar nicht mehr viel inszenieren. Als ich schon eine Zeit am Theater war, ist sie auf einmal zu mir gekommen und hat gesagt: ›Was ich super finde, ist deine Kälte.‹ Ich war völlig überrascht, denn man hatte mich vorher nie so besetzt. Ich musste immer die Warmherzigen, Weichen, Liebevollen spielen. Sie war die Erste, die dagegeninszeniert hat. Das war für mich sehr beeindruckend.«

Dass Ruth Drexel »auf den Punkt besetzen« konnte, hat Lorenz Gutmann »irrsinnig bewundert«. »Sie hatte eine genaue Vorstellung, wie die Figur sein sollte. Und dann hat sie die Rolle jemandem gegeben, der noch nicht genau das sein musste, was sie sich vorgestellt hatte. Aber sie wusste, dass es dort hingeht. Gerade bei jungen Kollegen war das wichtig. Die hat sie neugierig gemacht und gut geführt. Das war eigentlich ihre große Qualität. Natürlich gab es auch mal Enttäuschungen – das bleibt ja nicht aus.« Auch bei der Wahl des jeweiligen Kostüm- oder Bühnenbildners sei sie sehr treffsicher gewesen. »Das waren nicht immer die Gleichen, sondern sie wusste, wer welche Qualitäten hat. Doch in erster Linie war sie eine Liebhaberin der Sprache. Ob das jetzt Hochdeutsch, Tirolerisch oder Bayerisch war, sie genoss Sprache. Darüber vermittelte sich die Atmosphäre. Ich weiß nicht, ob es stimmt, irgendjemand hat mal gesagt, bevor Ruth Drexel sich für ein Stück entscheidet und inszeniert, liest sie das Stück mindestens achtzig Mal durch, um den Geruch des Stückes aufzunehmen.«

Ruth Drexel betrachtete die Intendanz als Herausforderung und als Möglichkeit, sich einen festen Platz zu erobern, ein Fundament zu schaffen und auf ihre Weise zu gestalten. Als Intendantin galt es, Visionen für ihr Haus zu entwickeln. Sie musste ein eigenes Ensemble und einen Spielplan zusammenstellen. Sie musste organisieren, koordinieren, realisieren. Das Außergewöhnliche war, dass sie ihre anderen Funktionen – Schauspielerin und Regisseurin – nicht aufgab. Auf keine davon wollte sie verzichten. Dabei war ihr die Außenwirkung unwichtig. Nicht die Bewunderung der Öffentlichkeit stand für sie im Vordergrund, sondern das, was ihre Entscheidung für sie persönlich bedeutete. Klaus Rohrmoser berichtet, sie habe ihn einmal darauf hingewiesen, wie wichtig es sei, seinen eigenen Platz zu suchen, zu finden und zu behalten. Das habe sie aus ihren Beziehungen – privaten wie beruflichen – gelernt: »Einen Platz, der nur einem selbst gehört.«

Doch nicht alle Aspekte der Intendantentätigkeit gefielen Ruth Drexel. »Sie hat sich mit dem Aufsichtsrat, dem Stadtrat und den Leuten, die ihr auf die Finger geschaut haben, schwergetan. Sie hat an den Aufsichtsratssitzungen teilgenommen und die notwendigen Arbeiten gemacht, weil sie sich dafür verantwortlich gefühlt hat. Aber geliebt hat sie diese Arbeit nicht«, berichtet Lorenz Gutmann. Und Susanne Schulz ergänzt: »Bevor Ruth Drexel als Intendantin aufhörte, hat mich die Sekretärin des Oberbürgermeisters nach einer Anekdote gefragt, die Christian Ude in seine Abschiedsrede aufnehmen könnte. Da hab ich ihr wiedergegeben, um was mich Ruth Drexel dringend gebeten hatte: ›Ich möchte keine Räte mehr sehen, keine Stadträte, keine Betriebsräte und keine Auf-

sichtsräte.‹ Das kam dann in seiner Rede vor, da hat sie sehr gelacht. ›Geht mir weg mit den Räten‹, hat sie immer gesagt. Obwohl sie die Bürokratie, die mit ihrem Amt verbunden war, nicht mochte, hat sie sich durchgesetzt. Sie war so intelligent, die Vorgänge meistens rasch zu durchschauen. Auch beim Feilschen ums Geld. Nicht zu vergessen, dass sie große Unterstützung von Verwaltungsdirektor Feldhofer erfuhr.« Ruth Drexel war drauf vorbereitet, dass es zu ihrem Amt gehören würde, sich mit den entsprechenden städtischen Institutionen auseinanderzusetzen. Ihre Mitarbeiter berichten einhellig, dass sie jedes Mal gestöhnt habe, wenn sie zu den Aufsichtsratsitzungen gehen musste. Es sei für sie schwer erträglich gewesen, dort ernsthaft mit Menschen zu diskutieren, die »keinen Schimmer vom Theater haben«. Schließlich ging es immer um Dinge, die für sie und ihr Ensemble von großer Relevanz waren. Manches Mal sei sie regelrecht erschüttert gewesen über die Unkenntnis, die sich in »haarsträubend dummen Fragen« äußerte. Doch sie entwickelte dazu eine ebenso pragmatische wie professionelle Haltung: Es musste sein.
Genauso hat es Markus Völlenklee erlebt, der Ruth Drexels Nachfolge als Obmann der Tiroler Volksschauspiele antrat und diese Funktion bis heute ausübt: »Ruth war eine gescheite Frau, die genau erkannt hat, in welche Situationen sie ein Amt bringen kann. Sie hat sich immer für alles verantwortlich gefühlt, auch für die finanziellen Fragen. Sie gehörte nicht zu denen, die sagen: ›Ich bin Künstlerin, das ist mir doch wurscht, ich muss meine Sache machen, sollen sich die Geschäftsdirektoren damit auseinandersetzen. Ich bin nur dazu da, Kunst zu machen.‹ Nein, ihr Programm musste finanzierbar und machbar bleiben. Das führt manchmal zwangsläufig zu Kompromissen, die sich dann unterm Strich

auch gegen einen wenden können, wie ich aus eigener Erfahrung weiß. Bei Ruth gab es immer eine Grenze, hinter der etwas aus ihrer Sicht nicht mehr vertretbar war. Da hat sie sich dann geweigert und gesagt: ›Kein Amt kann mich dazu bringen, etwas zu tun, was ich nicht will.‹«

Am 2. Juli 1998, nach zehnjähriger Intendantentätigkeit, verabschiedete sich Ruth Drexel mit der Inszenierung von Ferdinand Raimunds romantischem Original-Zaubermärchen *Der Bauer als Millionär* von ihrem Publikum. Es war ein dreifacher Abschied, als Intendantin, Regisseurin und Schauspielerin. In ihrer letzten Inszenierung spielte sie den Magier Ajaxerle. Hans Brenner verkörperte den ehemaligen Waldbauern und jetzigen Millionär Fortunatus Wurzel, Cilli Drexel war seine Ziehtochter Lottchen.

Der Autor und Regisseur Hanns Christian Müller trat als Intendant die Nachfolge an. Doch seine Pläne gingen nicht auf. Bereits die Eröffnungsaufführung war ein Flop. Das »1. Theaterstück über den FC Bayern« mit dem Titel *Matthäus-Passion* kam beim Publikum nicht an, auch mit seinem weiteren Programm konnte er nicht reüssieren. Schon nach einem halben Jahr warf er das Handtuch. Da Ruth Drexels Leben in der Zwischenzeit ganz anders verlaufen war, als sie es sich vorgestellt hatte – Hans Brenner war zwei Monate nach der Abschiedsvorstellung überraschend verstorben –, erfüllte sie die Bitte, mit der der damalige Münchner Kulturreferent Julian Nida-Rümelin an sie herangetreten war, und übernahm noch einmal die Intendanz des Hauses. Man habe sie nicht lange bitten müssen, berichtet der ehemalige Oberbürgermeister Christian Ude. Er war – genau wie das Münchner Theaterpublikum – froh über die Erneuerung der Zusammenarbeit.

»Meine Mutter war wahnsinnig traurig, dass es nicht geklappt hat mit Hanns Christian Müller«, erinnert sich Cilli Drexel. »Da gab es nicht die kleinste Spur von Häme oder Schadenfreude, überhaupt nicht. Und als sie dann gefragt wurde, ob sie weitermachen würde, hat sie mit ihrer Zusage nicht eine Sekunde gezögert. Sie betrachtete es als ihre Aufgabe, dafür zu kämpfen, dass dieses Theater nicht geschlossen wurde. Also hat sie ganz normal weitergemacht. Sie kannte das Haus so gut, sie hatte dort so lange gearbeitet, ich glaube, sie hat wirklich nicht eine Sekunde darüber nachgedacht. Es war nicht triumphal, es war einfach klar, dass sie es machen wird. Der große Unterschied war, dass mein Vater nicht mehr da war. Das war natürlich ein Riesenunterschied.«

Gute drei Jahre, von Anfang April 1999 bis Ende Juni 2002, dauerte Ruth Drexels zweite Intendanz am Münchner Volkstheater. Diesmal war sie allerdings nur künstlerische Leiterin – das war ihre Bedingung gewesen –, die ungeliebten Verantwortlichkeiten lagen allesamt in der Hand des Verwaltungsdirektors. Ruth Drexel stieg sofort mit voller Kraft in ihre Arbeit ein und mobilisierte Schauspieler und Regisseure, mit denen sie ein neues Ensemble bilden wollte. Ihr altes Ensemble bestand nicht mehr, Hanns Christian Müller hatte bei seinem Amtsantritt alle Mitglieder entlassen und ein eigenes aufgebaut. Ruth Drexel wusste, auf wen sie sich verlassen konnte, und wurde nicht enttäuscht. Langjährige Weggefährten wie Nikolaus Paryla, Christine Ostermayer, Markus Völlenklee, Krista Posch, Lorenz Gutmann, Veronika Eberl, Hans Schuler unterstützten sie von Anfang an. Tochter Cilli und Hans Brenners Tochter Katharina verstärkten das illustre Team.

Die Theatersaison 1999 wurde mit einem Highlight eröffnet:

Franz Xaver Kroetz inszenierte Anton Hamiks Stück *Der verkaufte Großvater*. Ruth Drexel hatte Kroetz ein Fax in sein Domizil nach Teneriffa geschickt, in dem sie ihn fragte, ob er mithelfen wolle, das Münchner Volkstheater zu retten. Für den Fall, dass er einwilligte, hatte sie auch schon einen konkreten Vorschlag parat: Sie wünschte sich den Dramatiker als Regisseur der beliebten und vielgespielten »Volkskomödie«. Franz Xaver Kroetz, der in jener Zeit die meisten Angebote, die an ihn herangetragen wurden, ablehnte, sagte sofort zu. Er schätzte Ruth Drexel außerordentlich und war ihr zu Dank verpflichtet. Schließlich hatten sie und Hans Brenner an ihn geglaubt und mitgeholfen, ihn als Bühnenautor durchzusetzen, als er noch völlig unbekannt war. Auch für die Titelrolle fand Ruth Drexel eine prominente Besetzung: Hans Michael Rehberg verkörperte den listigen Großvater, der sich an einen geldgierigen Bauern verkaufen lässt, jedoch alle Fäden in der Hand behält und letztlich als Sieger aus dem Deal hervorgeht. Als Nächstes war Nikolaus Paryla mit seinem *Kontrabass* auf der Bühne des Volkstheaters zu sehen. *Späte Gegend* erfuhr eine Wiederaufnahme, sodass die Theaterchefin, zusammen mit Christine Ostermayer, auch als Schauspielerin auftrat.
Ende Juni 2002 verabschiedete sich Ruth Drexel endgültig vom Münchner Volkstheater. Die Ära der »Prinzessin auf dem Krokodil«, wie die Prinzipalin von Markus Völlenklee genannt wurde, hatte ein Ende. 1988 war Ruth Drexel als Intendantin mit einem Logo gestartet, das einladend und geheimnisvoll wirkt. Es zeigt eine verführerische Frau, die auf dem Rücken eines Krokodils sitzt und Sterne in die Luft wirft. Die bunten Sterne formieren sich zu einem Regenbogen, bevor sie auf das Krokodil herunterfallen. Eine hinrei-

MÜNCHNER VOLKSTHEATER

Intendantin Ruth Drexel

Ein Rückblick
September 1988 - Juni 1998

ßende Mischung: Bis heute kommt kein Kasperltheater ohne das gefräßige Krokodil aus, das es zu bändigen gilt. Dass es in diesem Fall eine schöne erotische Frau ist, die das Raubtier beherrscht, unterstreicht das sinnliche Moment von Theater. Der Sternenbogen, der das Krokodil glücklich macht, führt direkt ins Land der Phantasie, bietet zugleich Inspiration und Schutz.

Das Logo bot Anlass zu vielfältigen Assoziationen und Interpretationen. So stellte der Bühnenbildner Heinz Hauser das Krokodil als furchteinflößendes Raubtier in den Mittelpunkt seiner Deutung: Es symbolisiere den Respekt, den sich Ruth Drexel verschafft habe. »Münchens Politiker hatten ein bisschen Angst vor Ruth«, erklärte er der Autorin Krista Hauser. »Sie drohten zwar mit dem Rotstift für das Budget. Das Theater zu schließen, um einen keineswegs fügsamen Subventionsempfänger loszuwerden, trauten sie sich aber doch nicht.« Die Folgen wären unabsehbar gewesen. Ruth Drexel hatte, wie sich immer wieder zeigte, eine große Fangemeinde.

Zu einer Performance der besonderen Art fühlte sich Wolfgang Maria Bauer durch die Sterne werfende Krokodilreiterin angeregt: »Als Ruth 1998 aufgehört hat, hab ich sie gefragt, ob ich mich für die Intendanz bewerben solle. ›Warum nicht? Überleg noch mal‹, hat sie geantwortet. Daraufhin habe ich es gewagt und bin unter die letzten acht gekommen. Für meine Präsentation habe ich mir drei verschiedene T-Shirts angefertigt, die ich übereinander angezogen und nacheinander ausgezogen habe. Auf dem obersten war das Logo des Volkstheaters aufgedruckt, also das Krokodil, auf dem die Frau saß und über der die Sterne schwebten. Ich habe es ausgezogen und dem Oberbürgermeister und den dreißig anderen Leuten im Zimmer erklärt, was es bedeutet, wenn die Frau weg ist. Darunter hatte ich nämlich eins, auf dem die Frau fehlte und nur das Krokodil und die Sterne abgebildet waren. Dann habe ich auch dieses ausgezogen und über Ruth und ihren Esprit geredet. Auf dem letzten blieben nur noch die Sterne übrig. Als ich auch das abgelegt hatte, hab ich erklärt, wie ich Theater machen würde, nämlich mit Leib und Seele. Da stand ich mit freiem Oberkörper vor der Kommission.« Anschließend habe er Ruth, die ebenfalls anwesend war, gefragt, ob er bei seiner Performance etwas übertrieben habe. Doch sie verneinte. Keineswegs, es sei super gewesen, aber er würde die Stelle trotzdem nicht bekommen. Auf seine Frage nach dem Grund habe sie geantwortet: »Ja, weil ich so was von gegen dich stimmen werde.« Auf sein erneutes »Warum?« antwortete sie: »Weil ich nicht will, dass du es machst.« »Warum?« »Du kannst so viel, Wolfi, mach was anderes.«

»Damals war ich irritiert«, gesteht Wolfgang Maria Bauer. »Heute weiß ich, sie wollte mein Bestes. Sie hatte total recht. Wenn jemand wusste, was es hieß, diesen Job zu machen, dann sie. Und auch nur sie wusste, auf was sie dafür verzichtet hat.«

Im Oktober 2002 begann mit Christian Stückl als Intendant eine neue Ära des Münchner Volkstheaters. Es war ein Wagnis, denn das Haus schien untrennbar mit seiner Vorgängerin verbunden zu sein. In der Findungskommission, die vom Kulturreferat einberufen worden war, um über die Zukunft des Volkstheaters zu entscheiden, hatte es sogar einige Stimmen gegeben, die dafür plädierten, das Theater mit dem Ausscheiden seiner erfolgreichen Intendantin zu schließen. Doch dann seien Gegenargumente laut geworden, berichtet Christian Stückl, die besagten, dass ein Theater niemals von einem Intendanten oder einer Intendantin abhängig sei. Das entsprach ganz seiner eigenen Meinung: »Ein Theater ist ein Theater, und es wird immer wieder ein besserer oder ein schlechterer Intendant kommen.« Nachdem die Entscheidung gefallen war, das Theater weiter zu betreiben, bewarb sich Christian Stückl für die Leitung und wurde gewählt. Ruth Drexel sei sehr kooperativ gewesen und habe ihm hilfreiche Tipps, vor allem taktischer Art, gegeben. Wie sie zu seiner Wahl gestanden habe, wisse er allerdings nicht. Ihr Wunschkandidat sei er wahrscheinlich nicht gewesen – aus einem einfachen Grund: Sie kannte seine Arbeit nicht, hatte nur eine einzige seiner Inszenierungen an den Kammerspielen gesehen. Die Übergangsphase sei für beide schwierig gewesen. »Mein Büro lag gegenüber von ihrem. Wir haben uns jeden Tag gesehen, ›Grüß Gott‹ gesagt, dann ist sie nach rechts in ihr Büro gegangen, und ich bin nach links in mein Büro gegangen. Ich habe all ihre Schauspieler gekündigt. Damit wollte ich mich nicht von ihr distanzieren, aber ich wusste, ein neuer Intendant muss etwas Neues machen. Das war bei Martin Kusej auch so, als er das Residenztheater von Dieter Dorn übernahm. Eigentlich ein ganz natürlicher Vorgang, aber für sie muss es so gewesen sein, als säße die Abbruchfirma schon nebenan, während sie noch arbeitet.«

Doch nicht nur für sie, sondern auch für ihn sei es eine groteske Situation gewesen: »Sie war doch die Mama des Hauses. Das hat man jahrelang später noch gespürt. Das musste man aushalten. Jahre später kamen noch Mitarbeiter, die gesagt haben: ›Aber bei der Drexel war das so und so.‹ Da hab ich gesagt: ›Das ist mir wurscht, ihr müsst euch jetzt mit mir arrangieren.‹ Das war aber nicht ganz so einfach, denn sie hatte das Haus ja schließlich zu dem gemacht, was es war. Bei der Eröffnungsfeier bin ich übrigens als Intendantin aufgetreten und habe gesagt: ›Das Haus ist die ganze Zeit immer von einer Frau geführt worden, ich finde es richtig, dass es von einer Frau weitergeführt wird.‹ Wir saßen gemeinsam auf einer Bank, Ruth Drexel und ich, und haben miteinander ein Lied gesungen. Sie konnte mit der Situation umgehen, es war ja von Anfang an klar gewesen, dass sie den Job nur übergangsweise machen würde. Ich musste ganz neu anfangen. Es war strategisch wichtig, der Öffentlichkeit zu signalisieren, dass jetzt junge Leute ein neues Theater machen. Wir mussten uns gemeinsam auf die Hinterfüße stellen und ein junges Publikum rekrutieren. Das ist relativ schnell gegangen.«

Das kann Hans Schuler, der noch »aus der alten Garde« stammt und heute wieder am Volkstheater spielt, nur bestätigen. »Es ist Christian Stückl gelungen, das Theaterpublikum zu verjüngen, und zwar wesentlich. Dafür genießt er meinen größten Respekt, da ziehe ich den Hut, denn das ist die größte Leistung, die man in einem Theaterleben überhaupt vollbringen kann. Bei diesem medialen Angebot, von dem wir heute überschwemmt werden, etwas zu erfinden, das junge Leute dazu bewegt, sich gegen Entgelt in einen Theatersaal zu setzen und sich ein Stück anzuschauen, da gehört wirklich einiges dazu. Ich denke mir das jedes Mal, wenn ich in den Zuschauerraum schaue.«

Doch auch »die Alten« sind geblieben. Einmal sei er mit zwei älteren Damen im Theaterrestaurant »Volksgarten« ins Gespräch gekommen, erzählt Christian Stückl, und habe von ihnen wissen wollen: »Das ist jetzt nicht mehr das Theater, das ihr von der Drexel gewohnt seid – oder?« Auf die Antwort hin »Nein, ist es nicht mehr« habe er nachgefragt: »Ihr kommt aber trotzdem?« »Ja«, hätten sie erwidert, »jetzt sind mehr junge Leute hier, und da fühlt man sich auch gleich wieder jünger.« Nicht wenige Besucher aus der Drexel-Ära seien dem Haus und dem Freundeskreis des Volkstheaters treu geblieben. »Natürlich hat es welche gegeben, die ihr nachgeheult haben«, räumt Christian Stückl ein, »aber das ist ja immer so. Vielleicht wird es auch mal jemanden geben, der mir nachheult.«

Er fand es schade, dass seine Vorgängerin und er keine Chance hatten, sich näher kennenzulernen. »In der Zeit, als wir zusammenkamen, befand ich mich schon auf feindlichem Terrain, weil ich ihr Theater ja in irgendeiner Weise abwickeln musste. Sie kann es eigentlich nicht anders empfunden haben. Man muss sich das mal vorstellen: Da gehe ich ins Intendanzzimmer und hänge als Erstes das Bild von Hans Brenner ab. Und jeder weitere Schritt geht weiter in diese Richtung. Ich hab dann sofort gedacht, ich hänge erst gar keine Bilder in meinem Zimmer auf, sonst ärgere ich mich hinterher, wenn mein Nachfolger sie abnimmt. Ich hab auch wirklich keine aufgehängt.«

13
Regisseurin

»Sie hatte einen tollen Blick auf Frauen.«

Von April 2010 bis Juni 2011 waren 54 »Regie-Frauen« im Deutschen Theatermuseum in München, im Theatermuseum Düsseldorf und in der Akademie der Künste in Berlin zu sehen. Die Ausstellung über einen »Männerberuf in Frauenhand« war von der Autorin und Filmemacherin Christina Haberlik kuratiert worden. Parallel dazu erschien unter demselben Titel ein Buch, auf dessen Cover vier der Protagonistinnen abgebildet sind: Karin Beier, Jette Steckel, Katharina Thalbach und Ruth Drexel. Diese hatte bereits vor mehr als dreißig Jahren ihr Regiedebüt gegeben.

Als sie 1989, im zweiten Jahr ihrer Intendanz am Münchner Volkstheater, von der Theaterkritikerin Gabriella Lorenz gefragt wurde, bei wem sie das Regiehandwerk erlernt habe, antwortete Ruth Drexel, sie habe keinen Lehrmeister im eigentlichen Sinne gehabt, sondern viele Erfahrungen gemacht, die sich dann summiert hätte. Auch ein einziges Vorbild könne sie nicht nennen. Sie schätze Hans Schweikart, mit dem sie als ganz junge Schauspielerin zusammengearbeitet habe. Der damalige Intendant der Münchner Kammerspiele ließ sie bereits während ihrer Ausbildungszeit an der Otto-Falckenberg-Schule in einigen Stücken auftreten. Mit seinem »leisen, freundlichen Zynismus« sei sie gut zurechtgekommen. Vom Berliner Ensemble habe sie gelernt, was Textarbeit bedeuten kann. Der dort gepflegte sorgfältige Umgang mit den Texten habe sie schwer beeindruckt. »Zum Beispiel haben wir den *Arturo Ui* erst behandelt, als wär's ein elisabethanisches Drama, dann wie einen amerikanischen Krimi, aber eben mit dieser großen Sprache darunterliegend.« So habe sich eins auf dem anderen aufgebaut und letztlich zu einem »weit vielschichtigeren, kunstvolleren Resultat« geführt, als sie es gewohnt war. Ein positiver Nebeneffekt: »Bei dieser Art von Arbeit, wo die Schauspieler die Chance hatten, mit dem Regisseur auf einer Informationshöhe zu sein, ist glücklicherweise auch wenig Platz für Imponiergehabe.«

Der Regisseur als Herrscher über sein Ensemble war bis Ende der 1970er Jahre eine akzeptierte Größe im Theater. Zahlreiche Legenden über autoritäre Arbeitsmethoden, wie das Zerlegen der Persönlichkeit des Schauspielers, um sie anschließend wieder zusammenzusetzen, grassieren bis heute in Theaterkreisen. Wenn davon gesprochen wurde, überwog meistens die Bewunderung vor der Ablehnung. Die großen alten Männer wurden verehrt und gefürchtet. Dass ihnen die Regie als ihre Domäne zustand, war unumstritten. Regieführen war männlich – wie das Regieren. Christina Haberlik erwähnt ein »trauriges Zitat«, das dem großen Regisseur und Intendanten Hans Lietzau zugeschrieben wird: Am Schwarzen Brett habe seine Forderung »Keine Frau am Regiepult« gestanden.

Die Ausstellung, die ein Jahr nach Ruth Drexels Tod eröffnet wurde, war in vier Teile gegliedert: »Pionierinnen«, »Durchsetzerinnen«, »Profiteurinnen« und »Regisseurinnen von heute und morgen«. Ruth Drexel war in der Kategorie »Pionierinnen« zu finden – neben Helene Weigel, Ida Ehre, Ruth

Frauenfest im Münchner Volkstheater anlässlich der Produktion
Liebe und Magie in Mammas Küche von Lina Wertmüller, an der nur
Frauen beteiligt waren, im Vordergrund sitzend Ruth Drexel, 1990

Berghaus, Ariane Mnouchkine, Brigitte Fassbaender, Reinhild Hoffmann, Lina Wertmüller, Judith Malina, Franca Rame. Dieser Teil präsentierte die Frauen, »die sich einfach eine Position am Regiepult eroberten, schon zu einer Zeit, als Frauen im Regieberuf überhaupt noch nicht vorkamen. Zur zweiten Kategorie, den »Durchsetzerinnen«, zählt Christina Haberlik die »Regie-Frauen der rebellischen Jahrgänge rund um die gesellschaftlichen Umwälzungen der Studentenrevolte und der Emanzipationsbewegung«, die sich nicht länger vom Regieberuf ausschließen lassen wollten, etwa Doris Dörrie,

Andrea Breth und Katharina Thalbach. In Teil 3 und 4 werden Regisseurinnen vorgestellt, denen von den Pionierinnen und Durchsetzerinnen der Weg bereitet wurde. Viele von ihnen haben ihren Beruf ganz selbstverständlich ergriffen, ohne die Erfahrung gemacht zu haben, wegen ihres Geschlechts benachteiligt zu werden.

Eine rasante Entwicklung, die sich Ruth Drexel vermutlich nicht hatte vorstellen konnte, als sie das erste Mal Regie führte. Öffentlich thematisiert hat sie diese Frage nicht. Menschen, die mit ihr gearbeitet haben, Frauen wie Männer, sind sich einig: Sie klagte niemals darüber, als Frau benachteiligt zu sein. Emanzipation war für sie kein Thema. Jedenfalls nicht in der Diskussion, die sie mit anderen führte. Emanzipation wurde selbstverständlich gelebt. Das Statement der Autorin und Regisseurin Lina Wertmüller, deren Stück *Liebe und Magie in Mammas Küche* sie mit Begeisterung inszeniert hat, dürfte ihr gefallen haben: »Frauen müssen einfach drauflosgehen, in die Gesellschaft hinein, und da tun, was sie gut können, und Geld verdienen«, so Lina Wertmüller. Sie sei kein »leiser Regisseur«, nicht süß, keine Lady, »vielleicht nicht einmal eine Frau. Ich bin nur ein wütender Handwerker, der bestimmte Probleme zwischen der Zeit, dem Geld und der Politik lösen muss.« Die Leiterin des Théâtre du Soleil, Ariane Mnouchkine, hat in ihrer langen Laufbahn die Erfahrung gemacht, dass Frauen kollektive unautoritäre Arbeitsweisen bevorzugen. Dennoch werde sie selbst häufig mit Fragen nach ihrer Machtposition innerhalb ihrer Truppe konfrontiert. Es sei immer das alte Lied: »Eine Frau, die rumbrüllt, ist unverschämt, ein Mann, der rumbrüllt, ist normal.«

Selbstverständlich den eigenen Weg gehen – diese Maxime Ruth Drexels floss in die Erziehung ihrer Töchter ein: Selbstständigkeit und Selbstbewusstsein gehörten zu ihren Zielen. Ruth Drexel wusste aus eigener Erfahrung, wie wichtig das Selbstwertgefühl für die Entwicklung eines Menschen ist und welche Rolle die frühe Kindheit dabei spielt. Doch dieses Erfahrungswissen wurde auch theoretisch untermauert: Klassiker der sozialpsychologischen Familienkritik wie Horst Eberhard Richters *Eltern, Kind und Neurose*, *Patient Familie* waren genauso in Ruth Drexels Bibliothek zu finden wie die *Studien über Autorität und Familie* von Max Horkheimer, Erich Fromm und Herbert Marcuse. Interessanterweise kommt jedoch die Literatur der Frauenbewegung nicht vor.

Sie glaube nicht, dass Frauen ein anderes Theater machten, erklärte sie der Filmemacherin Sybille Krafft im Jahr 2000. Sie glaube vielmehr, »dass die Frauen, je mehr sie in die Materie einsteigen und je mehr sie diese Position besetzen, als ›typische Frauen‹ gar nicht mehr in Erscheinung treten. Man sagt einfach: Die ist gut oder die ist nicht gut.« Diese Kriterien hat sie selbst immer angelegt, sowohl an die eigene Arbeit als auch an die der anderen.

Das Thema Regie hat Ruth Drexel schon früh beschäftigt: in der Zeit, als ihre Feldkirchner Lebens- und Arbeitskommune neue Theaterwege ging und vor allem Stücke von Franz Xaver Kroetz auf die deutschen Bühnen brachte. Damals wurden strenge Trennungen der Kompetenzen abgelehnt. Hierarchien innerhalb des Arbeitsprozesses sowieso. Angesagt war Kollektivregie. Aus diesem Verständnis heraus hat Ruth Drexel für sich einen eigenen Regiebegriff entwickelt, der mit dem Wort »Spielleitung« treffend charakterisiert wird. Nicht zu vergessen, dass man auf der Bühne ein Spiel spielt – das hatte schon Brecht gefordert. Der Schauspieler solle so agieren, »dass man die Alternative deutlich sieht, so, dass sein Spiel noch die anderen Möglichkeiten ahnen lässt, nur eine der möglichen Varianten darstellt.« Mit dieser Prämisse wahrhaftige Momente auf der Bühne zu schaffen, war eines der Ziele Ruth Drexels. Dazu war es notwendig, sich permanent bewusst zu sein, wo man sich befindet und was man tut – die zwingendste Definition von Bühnenpräsenz. Unzählige Male hat sie ihr Publikum damit verzaubert und im Geiste des berühmten Schlussworts aus Shakespeares *Sommernachtstraum* auf den Heimweg geschickt: »Nun gut Nacht! – Doch haltet ein: Klatscht erst Beifall unserem Stück! Dann bringt Puck euch nichts als Glück.«

Näher nach ihren Erfahrungen als Frau in einem Männerberuf befragt, antwortete Ruth Drexel Gabriella Lorenz mit handfesten Argumenten. Die weitgehend übliche Hierarchie zwischen dem Regisseur und den Schauspielern, die auf dem Wissensvorsprung des Regisseurs beruhe, sei vor allem eine Frage der Zeit und der Finanzen. Wenn der Regisseur schon vorgearbeitet habe und ein fertiges Konzept präsentiere, gelange man natürlich schneller zu einem stimmigen Ergebnis, als wenn das Ensemble die Inszenierung gemeinsam erarbeite. Doch Perfektion sei nicht das Wichtigste für sie. Sie wolle nicht, dass der Schauspieler die Erzählung des Regisseurs einfach nur übernehme, sondern die Geschichte aus sich selbst heraus erzähle. Das versuche sie beim Inszenieren zu erreichen, auch wenn es mehr Zeit in Anspruch nehme und alles länger dauere, manchmal sogar die Inszenierung bei der Premiere noch nicht ganz ausgereift sei.

Auf die Frage, ob sie lieber Schauspielerin oder Regisseurin sei, antwortet Ruth Drexel ausweichend: »Beides ist mir gleich wichtig und beides beeinflusst sich stark gegenseitig. Fürs Spielen braucht man einen narzisstischen Kick, das gibt den Glanz. Der wird in meiner jetzigen Arbeit als Intendantin und Regisseurin natürlich etwas in den Hintergrund gedrängt.«

Susanne Schulz vermutet, die Regie habe bei Ruth Drexel Priorität gehabt. »Am liebsten war es ihr, wenn sie das Büro hinter sich lassen konnte. Inszenieren war schon ihr Wichtigstes. Gespielt hat sie sicherlich auch gerne, sie hat ja auch während ihrer Intendanz noch verhältnismäßig oft gespielt, aber Inszenieren war eindeutig wichtiger.«

Dass Regisseurin der Traumjob ihrer Mutter war, glaubt Cilli Drexel nicht. Sie habe bestimmt nicht den Plan gehabt, Regisseurin zu werden. Es habe sich einfach aus der Schauspielerei heraus ergeben. Katharina Brenner, deren Vater manchmal verlauten ließ, dass er sich durchaus einen ganz anderen Beruf hätte vorstellen können, empfand, dass Ruth Drexel damit zufrieden war: »Ruth fühlte sich nicht unterfordert – wie mein Vater manchmal. Man spürte sofort, dass sie eine intelligente Frau war. Sie konnte all ihre Fähigkeiten in diesen Job einbringen: Phantasie, Formbewusstsein, Klugheit.« Klaus Rohrmoser gibt freimütig zu: »Als ich sie das erste Mal in Telfs traf, habe ich sie nur aus den Fernsehserien gekannt und ein total falsches Bild von ihr gehabt. Es waren nicht so sehr ihre Lebensklugheit und die praktische Intelligenz, die mich bei unserer Begegnung erstaunten. Beeindruckt hat mich vor allem ihr immenses Wissen. Sie war eine Intellektuelle.« Markus Völlenklee bestätigt, neben ihrer »Theaterpranke« habe Ruth Drexel auch »einen großen Hang zur Theorie« gehabt. Ausgangspunkt ihrer Regiearbeit sei zwar immer die Menschenbeobachtung gewesen, »aber sie wollte eine Struktur dahinter haben. Da hab ich dann über Rollen nachgedacht. Was ist das eigentlich für eine Geschichte? Ich hab gelernt, in Widersprüchen zu denken, bin also nicht nur von einem Grundgefühl ausgegangen und darauf geschwommen, sondern habe mich gefragt: Wie begründet die Figur ihr Handeln? Ich hab früh angefangen, Texte in Gastwirtschaften zu lernen – das hatte mir der Hansl empfohlen. Wenn man anderen zuhört und sich vorstellt, wie die wohl den Text sagen würden, kommt man auf völlig neue Dinge. Man registriert, wie monoton Leute reden oder welche typischen Sprechweisen es gibt, die absolut wiedererkennbar sind.«

Das wussten auch andere große Schauspieler und Menschenbeobachter wie Liesl Karlstadt, Karl Valentin und Helmut Qualtinger. Liesl Karlstadt betrachtete schon als Kind ihre Umgebung mit neugierigen Augen und schrieb »Selbsterlebtes« in Aufsatzhefte. Später schilderte sie ihrem Partner Karl Valentin ihre Erlebnisse, spielte sie ihm vor; dann improvisierten sie gemeinsam, und auf diese Weise entwickelte sich manche Szene und mancher Sketch. Von der Entstehung des Stückes *Der Firmling*, das auch zum Repertoire von Ruth Drexel und Hans Brenner gehörte, berichtet Liesl Karlstadt in ihrem Bühnenalbum: »In den Frühlingstagen des Inflationjahres 1922 musste ich einmal in einem Zigarrenladen in der Reichenbachstraße ziemlich lange warten. Ich kam gerade dazu, wie der alte Inhaber des Lädchens einem Kunden eine endlose Geschichte erzählte. Erst fand ich sie schrecklich langweilig, aber bald wurde ich immer aufmerksamer, dann musste ich schmunzeln und zu guter Letzt hell heraus lachen, so urkomisch war, was ich da zu hören bekam.« Sie habe die Geschichte vom geschenkten Firmungsanzug, der dem Firmling des Zigarrenhändlers erstaunlicherweise gepasst habe, sofort Karl Valentin wiedergegeben. Am nächsten Tag seien

Ruth Drexel und Hans Brenner in *Der Firmling* von Karl Valentin und
Liesl Karlstadt, Münchner Volkstheater 1986

sie gemeinsam in das Zigarrengeschäft gegangen und hätten
den nichtsahnenden Inhaber zu einer zweiten Darbietung seiner Erzählkunst animiert. »Karl Valentin ließ es keine Ruhe,
bis ein Stück daraus geworden war: unser *Firmling*. Die
Geschichte von dem Firmungsanzug darin ist ganz echt, ein
Stück Münchner Wirklichkeit; alles andere aber wurde hinzugedichtet.«
Helmut Qualtinger wusste, dass die Wörter und Sätze seiner
Figuren nicht aus dem abstrakten Nichts heraus geschaffen
werden konnten, sondern aus dem realen Alltag entspringen
mussten, um authentisch zu sein. Er betonte, dass jeder Satz,

den sein »Herr Karl« spricht, schon irgendwann einmal irgendwo von irgendjemandem gesagt worden ist. Und das gilt genauso für alle anderen Figuren. Qualtinger tauchte in die Wort- und Klangwelten seiner Umgebung ein und spürte ihren Tiefen und Abgründen nach. Wenn er daraus auftauchte, hatte er diejenigen Wörter und Sätze herausgefischt, die er seinen Zuschauern zur genauen Betrachtung vorlegen wollte. Es funktionierte: Sie glaubten, in einen Spiegel zu sehen.

Sehr direkt sei das Verhältnis von Darzustellendem und Darstellungsweise bei Ruth Drexel immer gewesen, erklärt Markus Völlenklee. »Wodurch vermittelt sich das, was man zeigen will? Versteht man es? Stimmt der Zusammenhang? Kann man es noch deutlicher darstellen? Alle Ästhetik maß sich an diesen Fragen. Am erstaunlichsten fand ich, dass die genaue Beobachtung und das darüber Nachdenken letztendlich ein emotionales Theater ergaben. Eine Haltung dem Publikum gegenüber, die sagt: ›Es ist doch so, oder? Denk mal nach, kennst du nicht so jemanden?‹«

Für Ruth Drexels Inszenierung von Heinrich Lautensacks *Hahnenkampf* fuhr das Ensemble einige Tage an den Schauplatz des Stückes, nach Hauzenberg, um dort zu recherchieren. Das Leben der Stadt im Bayerischen Wald wurde und wird durch den Granitabbau bestimmt. »Zum Teil haben wir die Namen der Leute, die in dem Stück vorkommen, auf dem Friedhof dort gefunden«, berichtet Markus Völlenklee. Die Stimmung des 1908 entstandenen Stückes habe man deutlich spüren können, weil man sich den sozialen Hintergrund vergegenwärtigt habe: Arbeitslosigkeit im Winter, Wirtshausraufereien, die so überhandnahmen, dass den Einwohnern damit gedroht wurde, ein Landwehrregiment nach Hauzenberg zu versetzen. Protagonisten des Lautensack'schen *Hahnenkampfes* sind ein eitler Apotheker, gespielt von Hans Brenner, und ein junger sturer Polizist, gespielt von Markus Völlenklee. Beide rivalisieren um die Gunst der Dorfmätresse Innocentia. »Meine Rolle war mir zuerst ein Rätsel«, gesteht Markus Völlenklee. »Ich hab Ruth gefragt, wieso der Gendarm einen solchen Blödsinn redet. Da hat sie geantwortet: ›Dem ist suspekt, dass der Apotheker so gescheit daherredet.‹« Ruth Drexels Anliegen habe darin bestanden, das Irrationale und Monströse der Verhaltensweisen herauszuarbeiten. Das Merkwürdige sei gewesen, dass man zu guter Letzt die Figuren geliebt habe. »Für solche Widersprüche hat die Ruth eine Pranke gehabt. Das hab ich sehr an ihr bewundert und – geliebt.«

Auf dem Boden bleiben und trotzdem schweben – der Intuition vertrauen und trotzdem analysieren. Wolfgang Maria Bauer wird nie vergessen, wie er bei einer Probe für die Rolle des Kasimir in Horváths *Kasimir und Karoline* auf eine Weise improvisiert hat, die er heute ironisch als »Grimme-Preisverdächtig« bezeichnet. »Es war super und ich fühlte mich toll und ich war begeistert von meinen eigenen Ideen. Und dann sagte die Ruth: ›Das ist klasse, das ist der Wahnsinn, was du da spielst – aber: Der hat kein Geld!‹ Das ist dann so ein Satz, bei dem du wieder runterfährst und fragst: Worum geht es denn eigentlich? Das hat sie gekonnt – bei mir, wenn ich in anderen Sphären war. Mit einem Satz hat sie das konterkarieren können, sodass du nur noch denken konntest: Ja, sie hat recht. Das war ein richtiger Schlag ins Gesicht.«

Barbara Herold war beeindruckt von der »Mischung aus Intellektualität und Bodenständigkeit«, auf die sie bei Ruth Drexel traf. »Sie war eine hochintellektuelle Frau und irrsinnig belesen, eine sehr gebildete Frau und trotzdem immer ganz nah an den Menschen. Nicht so verkopft, dass es abstrakt bleibt, sondern verbunden mit der Frage, was einen Menschen wirklich bewegt.« Bei der Regiearbeit habe sie fasziniert, über welche Umwege Ruth Drexel die Schauspieler motivieren konnte. »›Welches Ziel hat die Figur? Was will sie erreichen?‹ waren die entscheidenden Fragen. Die Antworten darauf haben mit dem Lebensgefühl und der momentanen Situation der Figur zu tun und brauchen keinen riesigen theoretischen Überbau. Ruth hat auch zugelassen, dass eine Figur ungerecht sein darf, zu ihrem Fehler steht und das Recht hat, zu diesem Fehler zu stehen.« Dadurch habe sich die Frage, ob es sich um eine positive oder negative Figur handle, gar nicht erst gestellt. »Es waren immer sehr runde Menschen.«

Als es endlich zur lange herbeigesehnten Zusammenarbeit mit Ruth Drexel kam, hat Katharina Brenner diese nicht nur genossen, sondern auch viel dabei gelernt – für die jeweilige Rolle und für ihr Leben. »Ruth hat einen tollen Blick auf Frauen gehabt. Für mich war das ganz ungewöhnlich.« Sie richte ihre Aufmerksamkeit verstärkt auf Frauenfiguren, erklärte Ruth Drexel Gabriella Lorenz. »Beim Inszenieren fällt mir zu Frauen sehr viel ein, und ich neige dazu (in Umkehrung der gewohnten Rollenverteilung), die Männer nur als Anhängsel der Frauen zu sehen.« Das bedeutete, die Gewichtung in den Stücken zu überdenken und den weiblichen Figuren einen neuen Stellenwert zu verleihen. Katharina Brenner erfuhr das, als sie in Frank Wedekinds Stück *Der Marquis von Keith oder Ein gefallener Teufel* die Rolle der Molly Griesinger spielen sollte. Auf der Probe kehrte sie die unterdrückte, leidende Frau heraus – die typische weibliche

Opferrolle. Doch diese Interpretation ließ Ruth Drexel nicht gelten: »›Menschen, die sich zum Opfer stilisieren, haben etwas davon, dass sie das tun‹, hat sie mir erklärt. ›Die wollen etwas damit bewirken, etwas durchsetzen. Sie sind auch Täter.‹ Das fand ich klug. Das hat mich damals weitergebracht. Es war die Aufforderung, das Stück noch einmal von einer anderen Seite anzusehen, als ich es vorher kannte. Ein Riesengeschenk.«

Das Wort »Geschenk« benutzt auch Veronika Eberl, um zu verdeutlichen, wie sie die Zusammenarbeit und die Gespräche mit Ruth Drexel empfand. »Hinterher hat man immer das Gefühl gehabt, man habe etwas geschenkt bekommen – entweder für die Seele oder für den Kopf. Einen neuen Gedanken, eine neue Blickrichtung.« Er sei weder sentimental noch ein Mensch, der alten Zeiten nachtrauere, sagt Lorenz Gutmann von sich. »Es geht weiter. Es war schön. Es ist vorbei. Aber jeder Schauspieler träumt vom Theater, wenn er träumt. Zum Beispiel, dass du auf die Bühne kommst und nicht weißt, in welchem Stück du gerade bist. Nicht unbedingt ein Alptraum, es kann manchmal sehr lustig sein. Bei mir kommt Ruth immer noch vor. Sie ist immer noch da.«

Gregor Bloéb sah es als Glücksfall an, mit einer Regisseurin zu arbeiten, die das Theater so sehr geliebt hat wie Ruth Drexel. »Sie war eine Theaterbesessene, sie war verliebt in das Theater und dadurch auch ein großer Motivator. Du hast dich immer trauen dürfen, du hast alles Mögliche ausprobieren dürfen. Mir ist das sehr entgegengekommen, dass sie immer gesagt hat: ›Ausprobieren, machen, machen, tun, tun, tun!‹ Seither verlange ich das auch von anderen Regisseuren. Sie sollen mich ausprobieren lassen.« Eine ihrer Regiemethoden sei es gewesen, sehr früh mit den Durchlaufproben zu

beginnen und »wahnsinnig viele Durchläufe« zu machen, erinnert sich Klaus Rohrmoser. »Sie hat uns so oft das Ganze spielen lassen, immer wieder, bis es ein für alle Male drin war.« Oft habe sie nichts gesagt, keinen direkten Einfluss genommen, erzählt Wolfgang Maria Bauer. »Das ist eine Kunst, die man als Schauspieler sehr zu schätzen weiß. Du spürst, dass jemand im Raum sitzt, der dich mit wachen Augen begleitet, nicht eingreift, sondern einfach lässt. Das Ganze laufen lässt. Mit einer großen Seelenbegleitung. Da fühlt man sich abgesichert.«
Aufgehoben und frei fühlte sich auch Krista Posch. »Ruth hat erkannt, was sie mit mir machen und was sie von mir fordern konnte. Sie hat wahrgenommen, was bei mir vorhanden war, und das Vorhandene zum Blühen gebracht. Das ist eigentlich das, was man sich als Schauspieler von einem Regisseur wünscht. Nicht dass er einem etwas aufpfropft, sondern dass er das, was man hat, herausholt. Sonst wäre man ja ein Hampelmann.« Es war für Krista Posch bemerkenswert, wie sie mit den verschiedenen Schauspielerpersönlichkeiten umging – im Fall von *Stigma* zum Beispiel mit ihr, Hans Brenner und Klaus Löwitsch. Sie wusste, wie jeder zu nehmen war, und ging während der Probe ganz speziell darauf ein. »Es war immer klar, was man tat. Es machte Sinn, was man tat – der Situation angemessen, ohne Firlefanz. So musste es bei *Stigma* auch sein. Ihre Inszenierung hatte etwas Zartes, etwas Klares, etwas Direktes, etwas Kraftvolles. Und all das konnte Ruth auch sein.«
Gerade weil ihr Zugang zu den Stücken und ihr Umgang mit den Schauspielern auf detaillierten psychologischen Erkenntnissen beruhte, »benutzte sie die Bühne nicht als Couch des Psychiaters, um sich ›abzureagieren‹ oder eigene Probleme zu

lösen«, betont Nikolaus Paryla. »Das gibt es heute leider sehr oft. Darüber hab ich mich immer lustig gemacht und sie auch. Es hat ihr keine Freude bereitet, weil es eine zu egozentrische Art der Ausübung und der Darstellung des Menschen durch den Menschen – also der Ausübung unseres Berufes – ist.« Ruth Drexel sei für ihn eine im besten und modernsten Sinne des Wortes »klassische Theaterfrau« gewesen. Sie habe es nicht nötig gehabt, »irgendwelche stilistischen Hilfsmittel zu benutzen, die davon ablenken, dass man das nicht darstellen kann, was eigentlich dargestellt werden müsste. Darum hab ich mich am Volkstheater immer sehr wohlgefühlt. Eine Zeit lang haben mich andere Theater gar nicht mehr interessiert.«

Ruth Drexel bei einer Probe der Tiroler Volksschauspiele in Telfs

Ruth Drexel habe vermitteln können, dass sie das Große und Ganze im Kopf hatte, sagt Hans Schuler. »Ich habe es immer sehr deutlich gespürt, dass sie es während der Proben im Kopf sortiert und den gesamten Komplex nicht aus dem Auge verliert. Das habe ich bei anderen Regisseuren anders erlebt, die dann eher detailverliebt irgendwo herumgebastelt haben, sodass es oft nicht mehr zu dem gepasst hat, was wir vorher erarbeitet haben.« Sie sei unkompliziert in der Arbeit gewesen, nur wenn technische Probleme auftraten, schnell in Panik geraten. Da habe sie sich überfordert gefühlt. Manchmal auch nicht zuständig, wie Barbara Herold weiß. »Genau choreografiert hat sie nicht. Dass einer von der Bühne geht, wieder auftaucht und dann anders gekleidet ist und bestimmte Requisiten hat, das musste das Umfeld organisieren. Für sie war das irgendwie Zauberei.« Einmal sei ihr eingefallen, dass zu einer Szene ein Ofen passen würde, auf dem ein Wasserkessel vor sich hinkochte und irgendwann pfiff. »Wie und warum er zu diesem Zeitpunkt pfeifen sollte, das hatten andere zu klären. Bühnenbildner, Requisiteure und Assistenten wurden bei ihr oft vor größere Aufgaben gestellt und haben diese gern erledigt, weil sie ihnen dabei große Freiheit ließ. Es lief sehr selbstverständlich ab: Aufgabe gestellt! – Okay, wir lösen das. Da gab es kein Nachfragen, wie das funktionieren soll. Ihre Art war motivierend, weil sie uns etwas zugetraut hat.«

Wenn man sie unterschätzte, konnte Ruth Drexel ungehalten werden. Klaus Rohrmoser ist ein Erlebnis im Zusammenhang mit der Wiederaufnahme von *Nicht Fisch nicht Fleisch* 2002 am Münchner Volkstheater im Gedächtnis geblieben. Christian Stückl hatte das Vier-Personen-Stück von Franz Xaver Kroetz, das Ruth Drexel mit den Schauspielern Judith

Keller, Krista Posch, Lorenz Gutmann und Klaus Rohrmoser für die Tiroler Volksschauspiele inszeniert hatte, in sein Programm aufgenommen: eine Geschichte aus der Arbeitswelt, die den Alltag zweier Paare zeigt. Die Männer sind als Schriftsetzer von Wegrationalisierung und Arbeitslosigkeit bedroht. Zur Uraufführung im Düsseldorfer Schauspielhaus hieß es 1981 im *SPIEGEL*, das Stück beweise, dass der bayerische Autor Kroetz »immer noch der Dramatiker ist, der die sozialen Bedingungen am genauesten kennt und das beste Ohr für die Sprache seiner Figuren hat, die er weder hochnäsig denunziert noch mit falschem Mitleid überhäuft«. Weil zwischen der Telfer Aufführung und der Münchner Premiere ein längerer Zeitraum lag, in dem sie das Stück nicht gespielt hatten, begann Klaus Rohrmoser das Gespräch mit Ruth Drexel zu den Wiederaufnahmeproben mit dem Satz: »Du kannst dich wahrscheinlich nicht mehr erinnern, was wir am Schluss gemacht haben.« Bevor er überhaupt fortfahren konnte, fragte sie: »Wie kommst du darauf, dass ich das nicht mehr weiß?« Ihr warnender Blick habe ihm signalisiert, dass er im Begriff war, einen schweren Fehler zu machen.

»Bei Ruth reichte manchmal ein Blick aus ihren hellblauen Augen und du wusstest: ins Herz geschlossen oder ganz unten durch«, so Veronika Eberl. »Ihr Mund wurde dann ganz schmal. Was sie auch konnte: ›gschert sein‹, wie man in Bayern sagt.« Unvergesslich sei ihr eine Szene aus Hermann Essigs Stück *Die Glückskuh*, das Ruth Drexel 1988 für das Festival in Telfs und das Münchner Volkstheater inszenierte: »Auf der Bühne Claudia Wipplinger als Nandl und Peter Weiß als Alois. Alois kotzt in einen Kübel. Nandl hat einen Apfel in der Hand, sagt ›Ich kann gar nicht hinschauen‹ und beißt herzhaft ab. Das ist typisch Ruth.«

14
Schauspielerin

»*Theaterspielen war für sie Lebensäußerung, nicht Manie.*«

In ihrer Laudatio zur Verleihung des Ernst-Toller-Preises 2001 an Felix Mitterer erinnerte Ruth Drexel den Autor daran, dass er zu ihrem 70. Geburtstag angekündigt hatte: »Wenn ich einmal gut genug bin, werde ich versuchen, etwas für dich zu schreiben.« Nun wollte sie ihm mit ihrer Lobrede zu verstehen geben, dass er schon lange gut genug sei und dass sie warte. Felix Mitterer folgte der Aufforderung und schrieb das Drehbuch zu einem zweiteiligen Fernsehfilm, dessen erste Folge 2004 ausgestrahlt wurde und in dem Ruth Drexel die Titelrolle spielte: *Die Heilerin*.
Der Film erzählt die Geschichte von Halfried Seelig, einer älteren Frau, die über übernatürliche Heilkräfte verfügt und davon zunächst überfordert ist. Sie lebt in einem Dorf im Salzkammergut in Österreich. Ihr Mann betreibt eine Landarztpraxis und hofft, sich bald zur Ruhe setzen zu können. Die Tochter arbeitet als Ärztin in der Stadt. Wunderheilungen sind in der Medizinerfamilie verpönt. Lange verschweigt Halfried Seelig ihre Fähigkeiten. Sie empfindet sie eher als Bürde denn als Gabe. Doch als ein Patient die Hilfe ihres Mannes in Anspruch nehmen will und dieser nicht zu Hause ist, springt sie ein. Schon in der ersten Szene, in der sie ihre Heilkraft anwendet, wird deutlich, dass es ihr nicht darum

DIE HEILERIN

Ruth Drexel, Branko Samarovski, Geno Lechner, Lea Kurka, Elisabeth Orth, Cornelius Obonya u.v.m.

geht, diese außergewöhnliche Fähigkeit unter Beweis zu stellen, sondern konkret dort zu helfen, wo andere versagen. Sich selbst rückt sie in den Hintergrund. Doch dort kann sie nicht bleiben, als die Dorfbewohner davon erfahren. Die Entwicklung nimmt unaufhaltsam ihren Lauf. Halfried Seelig wird zur gefeierten Heldin, zu der die Patienten hinpilgern, aber zugleich zur Außenseiterin in der Dorfgemeinschaft. Ihre Familie steht ihr skeptisch bis ablehnend gegenüber, vor allem ihre Tochter. Nur in ihrer Enkeltochter findet sie eine Verbündete. Sie entdeckt, dass das kleine Mädchen das kann, was auch sie als Kind konnte: Menschen sehen, die nicht mehr leben, und selbstverständlich mit ihnen kommunizieren.

Felix Mitterer wurde durch eine konkrete Person zu diesem Drehbuch angeregt. Obwohl er selbst alternativen Heilmethoden eher kritisch gegenübersteht, beeindruckte ihn die zufällige Begegnung mit einer Frau in Innsbruck, die durch Handauflegen Krankheiten heilen konnte. Als er Ruth Drexel davon erzählte, reagierte diese zunächst abweisend. Sie hatte noch weniger mit Therapieformen dieser Art im Sinn als er und hielt wenig davon. Doch letztlich siegte ihre sprichwörtliche Neugier und sie stimmte einem Treffen zu. Felix Mitterer berichtet, Ruth Drexel habe zugegeben, eine Wirkung verspürt zu haben, als ihr die Heilerin die Hand an die Stirn hielt. Es sei plötzlich sehr warm geworden. Sie betrachtete die Frau als Nachfolgerin der heilkundigen Frauen, die zu allen Zeiten über großes Wissen über den menschlichen Körper und die Wirkung von Kräutern und Heilpflanzen verfügten. Außerdem war es ihr in ihrer eigenen Arbeit nicht fremd, sich mit dem Thema – spirituelle – Energie auseinanderzusetzen. Es gab zweifellos Menschen, die anderen auf wissenschaftlich nicht erklärbare Weise Kraft spenden konnten. Nach den Aussagen der Schauspieler, die mit ihr gearbeitet haben, gehörte sie zweifellos selbst dazu.

Die Heilerin ist kein Film, der dem Mystery-Genre zuzuordnen ist, obwohl die Handlung darauf hindeutet. Er zeigt vielmehr das Zusammentreffen zweier Welten in der Tradition des Magischen Realismus – eine reizvolle Fußnote: Ruth Drexel liebte Gabriel García Márquez' *Die Liebe in den Zeiten der Cholera*. Auch an M. Night Shyamalans Film *The Sixth Sense* fühlt man sich erinnert, der vor allem eine psychologische Studie ist, auch wenn die Mystery-Elemente einen großen Raum einnehmen. Felix Mitterer stellt in *Die Heilerin* die gesellschaftlichen Konflikte in den Vordergrund. Wie in nahezu all seinen Werken geht es um das konfliktträchtige Verhältnis von Außenseitern und der Gemeinschaft. Der Unterschied: In diesem Film ist die Außenseiterin eine starke Frau, die allerdings Angst hat, diese Stärke zu zeigen, und viel Kraft darauf verwendet, sie zu verbergen.

Das Außergewöhnliche an Ruth Drexels Darstellungsweise besteht darin, die unterschiedlichen Facetten der Persönlichkeit Halfried Seeligs klar und nachvollziehbar darzustellen: Die fürsorgliche, bodenständige Arztfrau und die einsame, feinsinnige Heilerin schließen einander nicht aus. Man spürt, dass Ruth Drexel keine Schwierigkeiten hatte, beides miteinander zu verbinden. Die Komplexität eines Charakters hat sie von jeher interessiert. »Bei ihr musste alles dreidimensional sein«, erklärt ihre Tochter Katharina. Das Eindeutige interessierte sie nicht – aus dem einfachen Grund: weil es nicht existierte. Daher verstand sie auch nicht, warum sie auf komische Rollen festgelegt wurde. Sie sah ihre Stärke darin, eine Figur zu entwickeln, die widersprüchlich und durchschaubar zugleich ist.

Eine Figur anders aufzufassen, als es üblich war – damit hatte Ruth Drexel schon früh begonnen. Eindrucksvolles Beispiel ist ihre Darstellung der Mutter Courage, die sie 1982 am Münchner Residenztheater zeigte. Obwohl Therese Giehse Ruth Drexels Vorbild war – das einzige, das sie überhaupt je genannt hat –, legte sie die berühmte Frauenrolle ganz anders an als die große Brecht-Schauspielerin, die seit der Uraufführung des Stückes 1941 in Zürich als *die* Mutter Courage in die Theatergeschichte eingegangen war. Zwar habe Bertolt Brecht gefordert, seine Protagonistin dafür zu kritisieren, dass ihr der Besitz wichtiger war als ihre Kinder und sie diese sogar opferte, »aber ich fand es wichtig«, so Ruth Drexel im Gespräch mit Sybille Krafft, »dass, wenn man das Stück richtig liest, sie ja den Besitz braucht, um ihre Kinder überhaupt durchzubringen«. Dieser Widerspruch habe sie am meisten interessiert. Daher sei für sie das Verhalten der Mutter Courage durchaus nachvollziehbar. Der Marketenderin sei letztlich nichts anderes übrig geblieben, als mit dem Tross in den Krieg zu ziehen und zu versuchen, so viel wie möglich zu verdienen. Die eigentliche Größe des Stückes lag für sie im Konflikt zwischen praktischer Vernunft und humanistischer Reflexion, der eine fatale Lösung fand: »Das kurzgeschlossene Vernünftige war dann das absolut Katastrophale.«

Die *Neue Zürcher Zeitung* goutierte Ruth Drexels Interpretation und nannte ihre Courage »eine Frau von heute, keine melodramatische Heroine der Geschichte. Aber hinter ihrer krämerischen Tüchtigkeit, ja Leidenschaft, lässt sie doch Gebrochenheit durchblicken, vermittelt sie glaubhaft, dass nicht nur in einem Winkel ihrer Seele Zweifel nisten, ob die Opferung ihrer beiden Söhne, ob ihr rastloser Aktivismus für die nützliche Erhaltung des Krieges, ob dieser ganze tödliche

Ruth Drexel als Mutter Courage in *Mutter Courage und ihre Kinder* von Bertolt Brecht, Regie: Rolf Stahl, Residenztheater München 1982

Zynismus letztlich noch einen Sinn hergäben.« Mit ihrer Auffassung von der Rolle der Courage hatte sich Ruth Drexel von ihrem Vorbild Therese Giehse emanzipiert, wie sie Krista Hauser erklärte: »Sie war formaler, fremder, großartig natürlich. Mit ihrer Sprache, ihrer Stimme auf der Bühne war sie immer eine Kunstfigur, eine Kunstfigur auf höchster Ebene. Ich wollte das nicht, war es nicht, bin es nicht.«

Es gelang Ruth Drexel immer wieder aufs Neue, mit ihrer Schauspielkunst die Motivation einer Figur so plastisch und zwingend darzustellen, dass man als Zuschauer versucht ist, diese zu übernehmen, auch wenn es um kriminelle Handlungen geht. So hat man Verständnis für die Figur der Geldverleiherin Spitzeder, die sich ein ausgeklügeltes Geldverleihungssystem ausgedacht hatte, um selbst zu Reichtum zu gelangen. Man verurteilt als Zuschauer zwar ihren Egoismus und ihre Skrupellosigkeit, empfindet jedoch gleichzeitig nicht nur Mitleid mit ihren Opfern. Deren Gutgläubigkeit und Bereitschaft, sich der charismatischen Frau anzuvertrauen, erzeugen Unverständnis und Ablehnung. Man kann sich sogar einer gewissen Schadenfreude und »Sympathy for the Devil« nicht erwehren.

1954 bekam Ruth Drexel bereits die erste große Chance, in einer bedeutenden Frauenrolle ihr schauspielerisches Talent unter Beweis zu stellen – und nutzte sie! Inwieweit die damals Vierundzwanzigjährige sich Ludwig Thomas *Magdalena* theoretisch angenähert hat, ist nicht bekannt. Jedoch ließ sie in ihre Darstellung schon all das einfließen, was sie später als ihre Absicht formuliert hat, nämlich Widersprüchlichkeiten durchschaubar zu machen. Natürlich bot Ludwig Thomas Figur der jungen Schauspielerin auch hinreichend Stoff für Identifikation: Die Bauerntochter Magdalena verlässt den Hof ihrer

Eltern, geht in die Großstadt, weil sie sich eine andere Zukunft vorstellt als die qua Geburt vorgegebene. Der Mann, der ihr die Heirat verspricht, verlässt sie und stiehlt ihr das ersparte Geld. Mittellos gerät sie mit dem Gesetz in Konflikt – vermutlich ging sie der Gelegenheitsprostitution nach, wie viele Frauen in ihrer Lage – und wird von der Polizei zu ihren Eltern zurückgebracht. In ihrem Heimatdorf wartet nicht etwa Verständnis und Rückhalt auf sie, sondern unverhohlene Häme. Einzig die todkranke Mutter steht zu ihrer Tochter und bittet ihren Mann, diese nicht zu verstoßen. Auf dem Sterbebett ringt sie Magdalena das Versprechen ab, nicht wieder in die Stadt zu gehen. Zunächst erfüllt das Kind den Wunsch ihrer Mutter, bleibt bei ihrem Vater und arbeitet auf dem Hof. Trotzdem kann sie nicht verhindern, dass beide von der Gemeinschaft geschnitten und zu Außenseitern erklärt werden. Magdalena entscheidet sich, wieder in die Stadt zu gehen. Um nicht völlig mittellos aufzubrechen, gibt sie dem Drängen eines Bauernburschen nach, lässt ihn nachts in ihr Zimmer unter der Bedingung, dass er sie dafür bezahlt. Innerhalb kürzester Zeit weiß das ganze Dorf, was geschehen ist, und verlangt eine angemessene Bestrafung der jungen Frau, die sich den üblichen Moralvorstellungen nicht unterordnen will. »Jagdszenen aus Niederbayern« werden vorweggenommen.
In Ruth Drexels Darstellung kollidiert der Wunsch Magdalenas, ein Leben zu führen, das die Eltern zufriedenstellt und ihr Ansehen in der Dorfgemeinschaft verleiht, mit der unbändigen Sehnsucht nach Freiheit auf eine Weise, die den Zuschauer direkt in den Konflikt einbezieht. Ruth Drexels Magdalena entscheidet sich zwar für ihr individuelles Glück, das sie nur in der Großstadt finden zu können glaubt, aber nicht ohne Wehmut. Trotzig schüttelt sie alles ab, was sie auf-

halten will. Doch in ihrem Trotz liegt zugleich ein kindliches Hoffen auf die Geborgenheit und Unbeschwertheit, die sie verloren hat. Man glaubt, Ludwig Thomas Anmerkungen zu seinem Stück aus dem Off zu hören: »Meine Magdalena entstand fix und fertig im Kopfe, seiner Zeit, als ich in Egern die Fronleichnamsprozession durch die Felder ziehen sah. Die kleinen, weißgekleideten Mädel, die hinter dem Pfarrer hertippelten, machten mir einen rührenden Eindruck. Was wird aus ihnen werden? Wie lange halten sie fest an dem Kinderglauben? Und plötzlich stand ein Schicksal von so einem armen Ding vor meinen Augen.«

Wehrhaft, selbstbewusst, kämpferisch und zugleich kindlichzart gestaltete die junge Ruth Drexel ihre Magdalena. Sie beherrschte das stumme Spiel wie kaum eine andere und ließ diese Kunst in all ihre Rollen einfließen – eine Kunst, die sie im Laufe ihrer Karriere immer mehr verfeinerte. Viel gelernt habe sie durch die Kroetz-Stücke, so Ruth Drexel, in denen die Konflikte nicht nur verbal, sondern auch mit Gesten ausgetragen wurden. In *Heimarbeit* putzte sie eine Viertelstunde den Bühnenboden, ohne ein Wort zu sprechen. Die Monotonie ihrer Bewegungen, nur kommentiert durch ihre Blicke, ergaben ein starkes dramaturgisches Element. Hatte nicht schon Ariane Mnouchkine ihre Schauspieler aufgefordert, von Stummfilmstars wie Buster Keaton und Charlie Chaplin zu lernen? Und hatte nicht Ruth Drexel selbst erwähnt, wie berufsentscheidend es für sie als junge Schauspielerin war, bei einer Probe zu erleben, wie Therese Giehse nur mithilfe eines Bestecks und eines leeren Tellers vorspielte, ihre Lieblingsspeise – Gulasch – zu verzehren? Zu einem Zeitpunkt, an dem Ruth Drexel überlegte, das Theater wieder zu verlassen, wurde diese Szene zu einem Schlüsselerlebnis für sie.

Ruth Drexel als Frau Suitner und Hans Brenner als Kaspar in
Frau Suitner von Karl Schönherr, Regie: Klaus Rohrmoser, Tiroler
Volksschauspiele Telfs 1990

In einer weiteren Glanzrolle, die die Reihe Magdalena, Mutter Courage, Adele Spitzeder hervorragend ergänzt, in der Titelrolle von Karl Schönherrs *Frau Suitner*, verblüffte Ruth Drexel den Regisseur Klaus Rohrmoser durch ihren ebenso strengen wie praktischen Realismus. 1990 inszenierte er das Stück zunächst für die Tiroler Volksschauspiele, anschließend für das Münchner Volkstheater. Darin wird die Geschichte des Ehepaars Suitner erzählt, das einen Krämerladen betreibt. Ihr Lebensziel besteht darin, das Einkommen zu sichern und ein sorgenfreies Leben zu führen. Als Kaspar Suitner endlich verkünden kann, dass sie schuldenfrei sind, bleibt für Anna Suitner das erwartete Glücksgefühl aus. Im Gegenteil, sie

Mit Doris Goldner als Zipfl-Moidl in *Frau Suitner*, Tiroler Volksschauspiele Telfs 1990

erkennt, das Wichtigste im Leben versäumt zu haben: ein Kind. Ihrem Mann verschweigt sie ihre Sorgen, lässt ihn an ihrer tiefen Lebenskrise nicht teilhaben. Er ist einige Jahre jünger als sie, und weil sie ihn liebt, möchte sie sein Schicksal nicht an ihres koppeln. Sie holt eine junge Frau ins Haus und installiert diese als ihre Nachfolgerin, bevor sie selbst den Freitod wählt. Klaus Rohrmoser lernte Ruth Drexel bei den Proben zu *Frau Suitner* näher kennen. Er war beeindruckt, dass sie von Anfang an darauf bestand, mit Originalrequisiten zu arbeiten. »Sie stand als Krämersfrau in ihrem Laden und hat Mehl ausgewogen: genau ein Kilo Mehl bei jeder Vorstellung. Ganz genau ein Kilo. Anfangs hat sie manchmal ein bisschen weggeschüttet oder draufgetan. Aber bald hat es auf Anhieb gestimmt. Sie war so genau. Es ging ihr um die Glaubwürdigkeit der Figur. Sie wusste, dass das Stück nur dann funktioniert.«

Am 11. Januar 1996 hatte am Münchner Volkstheater das Stück Premiere, bei dem Ruth Drexel zum letzten Mal ihre große Schauspielkunst auf der Bühne demonstrieren konnte. An der Seite einer anderen Ikone des Theaters, Christine Ostermayer, spielte sie unter der Regie von Barbara Herold in dem Zwei-Personen-Stück *Späte Gegend* von Lida Winiewicz. »Ich habe mich wahnsinnig geehrt gefühlt und war wahnsinnig aufgeregt, mit diesen wunderbaren Damen arbeiten zu dürfen«, gesteht Barbara Herold. »Mit zwei Schauspielerinnen, die sehr verschieden sind. Ich wusste sehr wohl, ich kann mich auf ihr großes Potenzial verlassen, dennoch brauchen auch Schauspielerinnen dieses Kalibers eine führende Hand. Dass sie mich als junge Regisseurin akzeptiert haben, dass sie sich darauf eingelassen und mir vertraut haben, war für mich eine tolle Sache.« Sie habe es sehr bewundert, wie Ruth Drexel die Rolle der Bäuerin auszufüllen vermochte. Obwohl sie nicht aus bäuerlichem Milieu kam, habe sie durch Menschenbeobachtung, Einfühlung und Analyse glaubhaft das Leben dieser Frau darstellen können – »mit großer Offenheit und Leidenschaft«.

Lida Winiewicz' Theaterstück basiert auf Gesprächen, die sie mit einer österreichischen Bäuerin geführt hat. Die Autorin besaß ein Haus im Mühlviertel, das meistens leer stand und dessen Schlüssel von der Nachbarin verwahrt wurde. Diese erzählte ihr eines Tages, sie ginge oft in das Haus, um die Stille und die Einsamkeit zu genießen und an ihre Vergangenheit zu denken. Das erregte Lida Winiewicz' Neugier, sie fragte nach und protokollierte die Erinnerungen ihrer Gesprächspartnerin. Als die Idee auftauchte, ein Theaterstück daraus zu entwickeln, war ihr sofort klar, dass es ein Dialog werden musste. So entstand als Gegenstimme eine Frau gleichen Alters, die aus der Großstadt stammte.

Die beiden Protagonistinnen des Stückes sind zwischen der Jahrhundertwende und dem Ersten Weltkrieg geboren. Das Leben der Bäuerin wurde geprägt von harter Arbeit auf dem Land und den damit verbundenen Zwängen und Entbehrungen. In diesem Zusammenhang erklärt sie selbst den Titel: »Späte Gegend – so heißt die bei uns, wo ich her bin. Weil alles später reift. Manches reift gar nicht.« Die Städterin erzählt von ihrem Leben als höhere Tochter in Wien. Bis zum Beginn des Zweiten Weltkriegs wusste sie nicht, dass ihr Vater Jude war. In ihrem Lebensbericht spielt die Verarbeitung von Verfolgung und Rettung eine entscheidende Rolle. Christine Ostermayer verkörperte die aus dem Wiener Bildungsbürgertum stammende Frau jüdischer Herkunft mit intellektuellem Sentiment. Ruth Drexel gestaltete die Bäuerin als facettenreiche Figur, die ehrlich den Versäumnissen ihres Lebens nachtrauerte und gleichzeitig stolz war auf ihr Durchhaltevermögen. Es sind nicht nur die Texte der beiden Frauen – zeitweise wirken sie wie laute innere Monologe –, die das Gespräch authentisch werden lassen, sondern auch die Gesten und die Blicke, die sie einander zuwerfen.

Lustig seien die Proben gewesen, vor allem am Anfang, berichtet Barbara Herold. »Die beiden hatten sich eine Zeit lang nicht gesehen und viel zu erzählen. Vor allem Anekdoten. Sowohl von früher als auch ganz aktuelle. Es wurde viel gelacht. Als es damit kein Ende nehmen wollte, wurde ich ein bisschen nervös und habe gesagt: ›Bei allem Respekt, jetzt

Christine Ostermayer als Die Städterin und Ruth Drexel als Die Bäuerin in *Späte Gegend* von Lida Winiewicz, Regie: Barbara Herold, Münchner Volkstheater 1996

Christine Ostermayer und Ruth Drexel bei der Probe zu *Späte Gegend*

fangen wir an.‹ Und es gab nie eine schwierige Situation. Alles ließ sich dialogisch lösen. Beide waren offen und haben sich auf alles eingelassen.« Für die beiden theatererfahrenen Frauen sei es vollkommen klar gewesen, dass sie das Auge und das Ohr der Regisseurin brauchten. Und ihre Unterstützung – wie sie es bei einer Wiederaufnahmeprobe zu einem Gastspiel in St. Pölten erfuhren: »Ruth war auf einmal wahnsinnig ängstlich, hatte totale Panik, auch wegen der Textmenge, und sprach auf der Bühne so schnell, dass ich ihr danach gesagt habe: ›Du musst jetzt nicht schnell machen, nur weil du Angst hast. Die Leute sehen dich gerne und hören dir gerne zu. Man hat das Gefühl, du willst gar nicht, dass dir

Christine Ostermayer als Die Städterin und Ruth Drexel als
Die Bäuerin in *Späte Gegend*

irgendjemand zuhört.‹« Auch Silvia Wechselberger war
erstaunt über das große Lampenfieber der beiden »grundverschiedenen Damen – außergewöhnliche Kaliber und so schöne Frauen, jede auf ihre eigene Art. Beide hatten allerhöchste Ansprüche an sich selbst. Es war immer aufregend. Sie waren nie mit sich zufrieden. Aber wenn es dann geklappt hat und alles aufgegangen ist, war die Begeisterung unglaublich groß.«
»Meine Mutter als Schauspielerin war völlig anders als meine Mutter als Regisseurin und als Chefin«, sagt Cilli Drexel. »Je älter sie wurde, je öfter sie auf der Bühne gestanden hat, je mehr Filme sie gemacht hat, je mehr Fernsehen sie gemacht

hat, desto ängstlicher wurde sie. Also, die Angst hat immer mitgespielt. Sie war auf der Bühne so wahnsinnig nervös, dass sie sich hunderttausendfach den Text angeguckt hat. Sie hat sich wirklich gequält.«

Das große Selbstverständnis, mit dem Ruth Drexel auftrat, habe über ihre Nervosität hinweggetäuscht, erklärt Katharina Brenner. »Eine Sekunde vor einem gemeinsamen Auftritt in Telfs bei *Oh what a lovely war* – es war nur eine ganz kurze Szene als Beauty Queen oder Miss America im Rollstuhl – hat sie mir gestanden, dass sie das nicht mehr aushält. Da hab ich gesagt: ›Das haben wir doch schon so oft gemacht, das klappt doch super.‹ Aber sie war nicht davon abzubringen: ›Es ist schrecklich, einfach schrecklich, und beim Fernsehen hab ich das alles nicht. Da heißt es Klappe und Schluss.‹ Ich kann das verstehen. Jeder Tag ist anders, jede Vorstellung ist anders. Es kann sein, dass dich der berühmte Blackout überrascht. Man hat vor jedem Auftritt Todesangst. Ich glaube, das ist mit einer der Gründe, warum man nachher so viel Bier trinken muss: weil man es überstanden hat, weil man es überlebt hat.« Doch Ruth Drexel wäre nicht Ruth Drexel, wenn sie nicht auch in diesem Fall das Gegenteil empfunden hätte: »Spielen ist das, was man am meisten für sich genießen kann, wo man wirklich zufrieden sein kann. Nicht immer, aber manchmal.«

Lampenfieber vor der Vorstellung, Kaltblütigkeit auf der Bühne – auch dieses Gegensatzpaar charakterisierte Ruth Drexel. Bei der Premiere von *Späte Gegend* erlebte Christine Ostermayer etwas, was ihr in ihrer langjährigen Karriere noch nie widerfahren war: »Ich dachte vorher, ich bin ganz locker, überhaupt nicht aufgeregt, was für mich ganz ungewöhnlich war. Die Proben waren wunderbar, für mein Empfinden viel-

leicht etwas kurz – da war ich halt von Regisseuren wie Hans Lietzau und Ingmar Bergman verwöhnt. Meine Aufgabe schien mir leicht, viel leichter als die von Ruth, denn ich konnte mich auf meine Rolle konzentrieren, während bei ihr die Intendanz und alles, was damit zusammenhing, dazukam. Ich fühlte mich souverän und ruhig. Das Stück lastete zwar auf unseren Schultern, aber es bestand ja nur aus diesen ›Gstanzln‹ – einmal die Ruth, einmal ich –, in denen wir uns gegenseitig unser Leben erzählen. Der Nachteil war, dass zwei meiner ›Gstanzln‹ mit denselben Worten anfingen. Das eine kam am Anfang des Stücks, das andere am Schluss. Ich sagte also die Anfangssätze, rutschte sofort in den Schluss hinein, merkte das und versuchte zu dichten. Es war eine Katastrophe für die Souffleuse, die Regisseurin und die Autorin, die auch in der Premiere war. Während ich immer weiterredete, um zum Anfang zurückzukommen, damit Ruth einsteigen konnte, schaute mich Ruth an und sagte gaaanz langsam: ›Ich‹ – Pause – ›bin‹ – Pause – ›dran‹. Eine Meisterleistung.« Außer den Beteiligten bemerkte niemand den Fehler. Christine Ostermayers Bruder war nur aufgefallen, dass seine Schwester so »weich« gespielt habe, nicht zupackend, wie er es sonst von ihr kannte. »Ich bin fast ohnmächtig gewesen vor Angst«, realisierte Christine Ostermayer am nächsten Abend, »ich hatte es nicht bemerkt, die Panik hatte sich in vermeintliche Ruhe und Kraftlosigkeit verwandelt.«
In vielen gemeinsamen Theaterarbeiten über einen langen Zeitraum hinweg hatte Markus Völlenklee Ruth Drexels Haltung zu ihrem Beruf oder ihren Berufen studieren können: »Ich hab Ruth nie erlebt als eine, die als Theaterleiterin anders was als als Regisseurin oder Schauspielerin. Sie war immer die Ruth. Und die hatte verschiedene Funktionen, die sie offen-

legte. Das Theaterspielen war für Ruth eine Lebensäußerung, nicht Manie. Bei allem Einsatz und bei aller Energie, die sie in ihre Arbeit steckte, hat sie nie vergessen, dass es noch etwas anderes gab. Diese masochistische Theatermentalität, die besagt, je mehr man leidet, desto besser wird's, war ihr suspekt. Für sie musste es ein Leben geben neben der Kunst. Daher hat sie ihre Kraft genommen. Ruth war kein Kunstsoldat. Sie wusste, die Kunst ist nicht das Leben. Und sie liebte es, das Leben zu feiern.«

Sowohl die Premierenfeiern im Münchner Volkstheater als auch bei den Tiroler Volksschauspielen waren legendär. »Wenn die Premiere vorbei war, war sie auf der Tanzfläche unerschrocken, da konnte sie so richtig aus sich herausgehen«, schwärmt Veronika Eberl. Geburtstage wurden als rauschende Feste gefeiert. Unvergessen Ruth Drexels und Hans Brenners Tanz zu dem Rolling-Stones-Song *Honky Tonk Woman* auf einer dieser Geburtstagspartys. »Und zu ihrem 70. Geburtstag ist in Telfs eine Blaskapelle aufmarschiert, eine Schützenkompanie hat es krachen lassen, und die Bergwacht hat die Zahl 70 mit Fackeln auf die Hohe Munde, den Telfer Hausberg, geschrieben. So etwas hat sie geliebt.«

Aber nicht nur das. »Die Ruth konnte Dinge lieben«, staunt Veronika Eberl. »Also mehr als nur einfach mögen, viel mehr. Die Ruth hat das Meer geliebt. Die Ruth hat, bis auf die Berge, Telfs geliebt. Sie hat immer gesagt, wenn Telfs am Meer läge, wäre es optimal. Oder Schwimmen: Die Ruth hat Schwimmen nicht gemocht, die Ruth hat Schwimmen geliebt. Essen hat sie geliebt, nicht gemocht. Ins Kino gehen, Tanzen hat sie geliebt.«

Welches Buch Ruth Drexel am meisten liebte, erfuhren Veronika Eberl und Lorenz Gutmann durch Zufall. »Als wir

Bei der Abschiedsfeier, Volkstheater München, im Juni 2002

geheiratet haben, hat sie mich gefragt, was wir uns zur Hochzeit wünschen«, berichtet Lorenz Gutmann. »Da habe ich gesagt: ›Dein Lieblingsbuch!‹ Geschenkt bekommen haben wir *Ulysses* von James Joyce.« Cilli Drexel bestätigt: »Ihr Lieblingsbuch war *Ulysses*!« und fügt hinzu: »Es steht in ihrem Bücherschrank. Ich hab's noch nicht gelesen. Das hab ich noch vor mir.«

Wer hätte gedacht, dass Ruth Drexel von James Joyces Monumentalwerk, in dem er seinen Protagonisten Leopold Bloom einen Tag lang – am 16. Juni 1904 – die Stadt Dublin in allen Facetten erleben lässt, so nachhaltig beeindruckt war? Doch

Das Publikum feiert die Schauspielerin, Regisseurin, Intendantin
Ruth Drexel im Juni 2002 am Münchner Volkstheater

nachdem die erste Überraschung bei mir abgeklungen war, schien es mir auf einmal einleuchtend, dass sie sich der Erzählweise des großen irischen Schriftstellers, seinem »stream of consciousness«, der neben den äußeren Geschehnissen Assoziationen und Erinnerungen in das Erlebte einfließen ließ, verwandt fühlte. Schließlich gehörte auch sie zu denjenigen, die das Leben nicht als Kontinuum betrachteten, sondern wie der James-Joyce-Verehrer Arno Schmidt als »ein Tablett voll glitzernder Snapshots«.

Wie sehr sie andere Menschen an diesen »glitzernden Snapshots« teilhaben ließ, hat Silvia Wechselberger erfahren: »Von 1998 bis 2006 haben wir die Volksschauspiele immer mit Aufführungen von *Späte Gegend* beschlossen. Es war der absolute Höhepunkt. Der Telfer Rathaussaal war immer ausverkauft: Einmal waren sogar 800 Leute gekommen. Jedes Mal habe ich mir gedacht, heute schau ich es mir nicht mehr an. Und dann habe ich gewartet, bis es anfing und – bin sitzen geblieben. Bis zum Schluss. In keiner einzigen Vorstellung habe ich es geschafft, hinauszugehen, obwohl unendlich viel zu tun war und ich mir jedes Mal vorher fest vorgenommen hatte, nach nebenan in mein Büro zu gehen und meine Arbeit zu erledigen. Ich hab es kein einziges Mal geschafft, sogar dann nicht, wenn es keinen Sitzplatz mehr für mich gab und ich die ganze Zeit stehen musste. Nach den ersten Sätzen war ich wie gebannt, habe es mir wieder angeschaut und war glücklich. Die Arbeit war mir wurscht. Es war so, als würde ich das Stück zum ersten Mal sehen. Es war eine Sternstunde. Theater macht glücklich.«

Dank

Zuallererst möchte ich mich herzlich bei meinen Gesprächspartnern bedanken, die das Buch in dieser Form ermöglicht haben: Katharina Adami, Werner Asam, Wolfgang Maria Bauer, Gregor Bloéb, Katharina Brenner, Cilli Drexel, Veronika Eberl, Ottfried Fischer, Enzi Fuchs, Lorenz Gutmann, Josef Hader, Barbara Herold, Helmut Kopp, Felix Mitterer, Christine Ostermayer, Nikolaus Paryla, Krista Posch, Klaus Rohrmoser, Hans Schuler, Susanne Schulz, Christian Stückl, Katharina Thalbach, Christian Ude, Lis Verhoeven, Markus Völlenklee, Silvia Wechselberger und Sophie Wendt.

Für ihre Unterstützung bei der Realisierung des Projekts danke ich der Monacensia, Literaturarchiv und Bibliothek, dem Münchner Volkstheater, den Tiroler Volksschauspielen Telfs, Theresa Braun, Leo Gmelch, Ursula Haas, Ursula Hasenkopf, Frederik Mayet, Monika Renner, Frank Schmitter, Sabine Schröder, Werner Waitz, Andrea Waitz-Penz, Daniela Weiland, Georg und Katharina Willi.

Für Anregungen bedanke ich mich bei Stella Adorf, Sigrid Bubolz-Friesenhahn und Thomas Kraft.

Tatkräftig und phantasievoll haben mir geholfen: Jutta Müller, Anne Rademacher, Rüdiger Rohrbach und Heidi Zipprich. Vielen Dank!

Mein besonderer Dank gilt Christine Gerstacker und Franz Klug, die das Projekt von Anfang an begleitet und mir mit ihrer Begeisterung und ihrem Engagement zur Seite gestanden haben.

Literatur und Quellen

Nachlass Ruth Drexel, Monacensia. Literaturarchiv und Bibliothek
  München
10 Jahre Tiroler Volksschauspiele Telfs. Eine Chronik von Felix Mitterer.
  Haymon-Verlag, Innsbruck 1991
Fischer, Ottfried: Das Leben – ein Skandal. Langen*Müller* Verlag,
  München 2013
Haberlik, Christina: Regie-Frauen. Ein Männerberuf in Frauenhand.
  Henschel Verlag, Leipzig 2010
Hauser, Krista: Ruth Drexel. Eine Biographie. Haymon-Verlag,
  Innsbruck-Wien 2005
Krafft, Sybille: Bayerische Volksschauspieler. 12 persönliche Porträts.
  Allitera Verlag, München 2013
Münchner Volkstheater. Ein Rückblick. September 1988 – Juni 1998
Münchner Volkstheater. Ein Rückblick. April 1999 – Juni 2002
Ruth Drexel im Gespräch mit Gabriella Lorenz, 1989
  http://www.kultur-fibel.de
sowie zahlreiche Programmhefte und DVDs der Fernsehserien *Der Bulle von Tölz, Zur Freiheit, Münchner Geschichten* u. a.

Bildnachweis

Privatarchiv Katharina Adami: S. 22, 23
Lore Bermbach/Theatermuseum der Landeshauptstadt Düsseldorf: S. 51
Volker Derlath: S. 188, 213, 247, 248 sowie Bildstrecke auf Vor- und Nachsatz
Deutsches Theatermuseum/Archiv Hildegard Steinmetz: S. 42
Karl Forster: S. 109, 127
Interfoto/Friedrich: S. 33
Interfoto/SB: S. 35
Rupert Larl: S. 113, 237, 238
Alma Larsen: S. 81
Münchner Volkstheater: S. 205
picture alliance/Sven Simon: S. 63
Anita Pinggera: S. 161
Winfried E. Rabanus: S. 17, 48, 103, 141, 193, 219, 233, 241, 242, 243
Volksschauspiele Telfs: S. 99, 137, 149, 157, 167, 171, 175, 225
Privatarchiv Gunna Wendt: S. 53
Beate Wutscher: S. 169

Höhen und Tiefen

»*Gleich frisch drauf los und mitten hinein ins Glück!*« war das Lebensmotto von Lena Christ (1881-1920), die mit Büchern wie »Erinnerungen einer Überflüssigen« und »Die Rumplhanni« bleibende Werke schuf. Gunna Wendt folgt dem Weg dieser Frau, die sich auf ihrer Jagd nach dem Glück permanent selbst erfand – und schließlich entschlossen auslöschte.

Das Porträt einer leidenschaftlich Suchenden, deren Mut und Radikalität bis heute beeindrucken.

Gunna Wendt
Lena Christ. Die Glückssucherin
256 S. mit 46 Fotos und Abb., ISBN 978-3-7844-3289-2

Langen*Müller* www.langen-mueller-verlag.de

Porträt aus der Nähe

Sie waren ein eingeschworenes Team: Elisabeth, die Witwe des Dirigenten Wilhelm Furtwängler, und die beiden Schauspielerinnen Kathrin Ackermann und Maria Furtwängler. Zahlreiche Exklusiv-Interviews von Gunna Wendt bilden die Grundlage für diese faszinierende und lebendig erzählte Familienbiografie.

*Großmutter, Mutter, Tochter –
drei starke Frauen, die jede auf ihre
Weise ihren Idealen folgen.*

Gunna Wendt
Die Furtwänglers
256 S. mit 50 Fotos und Abb., ISBN 978-3-7844-3239-7

Langen*Müller*   www.langen-mueller-verlag.de

Ein Gesamtwerk menschlicher Normalleidenschaften

Er hat einen ganz eigenen Humorbegriff geprägt, ist im besten Sinne intellektuell und bewegt sein Millionenpublikum im Fernsehen und auf der Bühne. Dieses Buch ist Ottfried Fischer pur: philosophische Kleinode, minimale Komödien und nahezu unglaubliche Wahrheiten.

»Mit zwölf Jahren versank ich spektakulär in einem Teich. Und noch heute fische ich aus einem solchen. Fünfmal die Spanne zwölf ist eigentlich nicht viel, aber sechzig Jahre sind es doch geworden.«

Ottfried Fischer
Das Leben – ein Skandal
272 S. mit zahlr. Fotos, ISBN 978-3-7844-3327-1

Langen*Müller*   www.langen-mueller-verlag.de

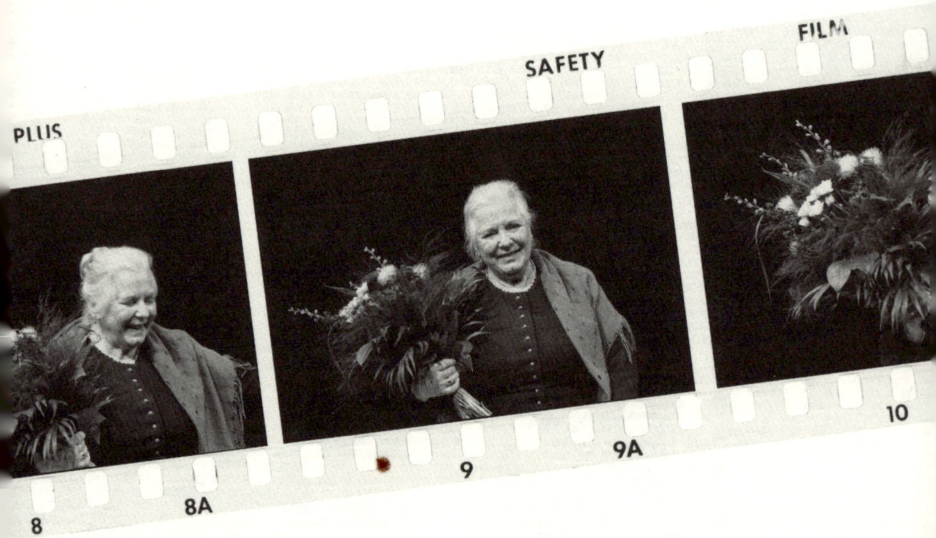
PLUS
SAFETY
FILM
8
8A
9
9A
10